I0842629

FRANCESCO PIRAS

IL RICAMBIO GENERAZIONALE IN AGRICOLTURA

GLI STRUMENTI A SOSTEGNO DEI GIOVANI IN ITALIA E IN SARDEGNA

HEAD&LINE

ISBN: 979-8-8778-5575-5

Redazione editoriale: Head&Line
swite/headline

Illustrazione p. 7: Xilografia di Italo Schirra

Rev. 3-SC

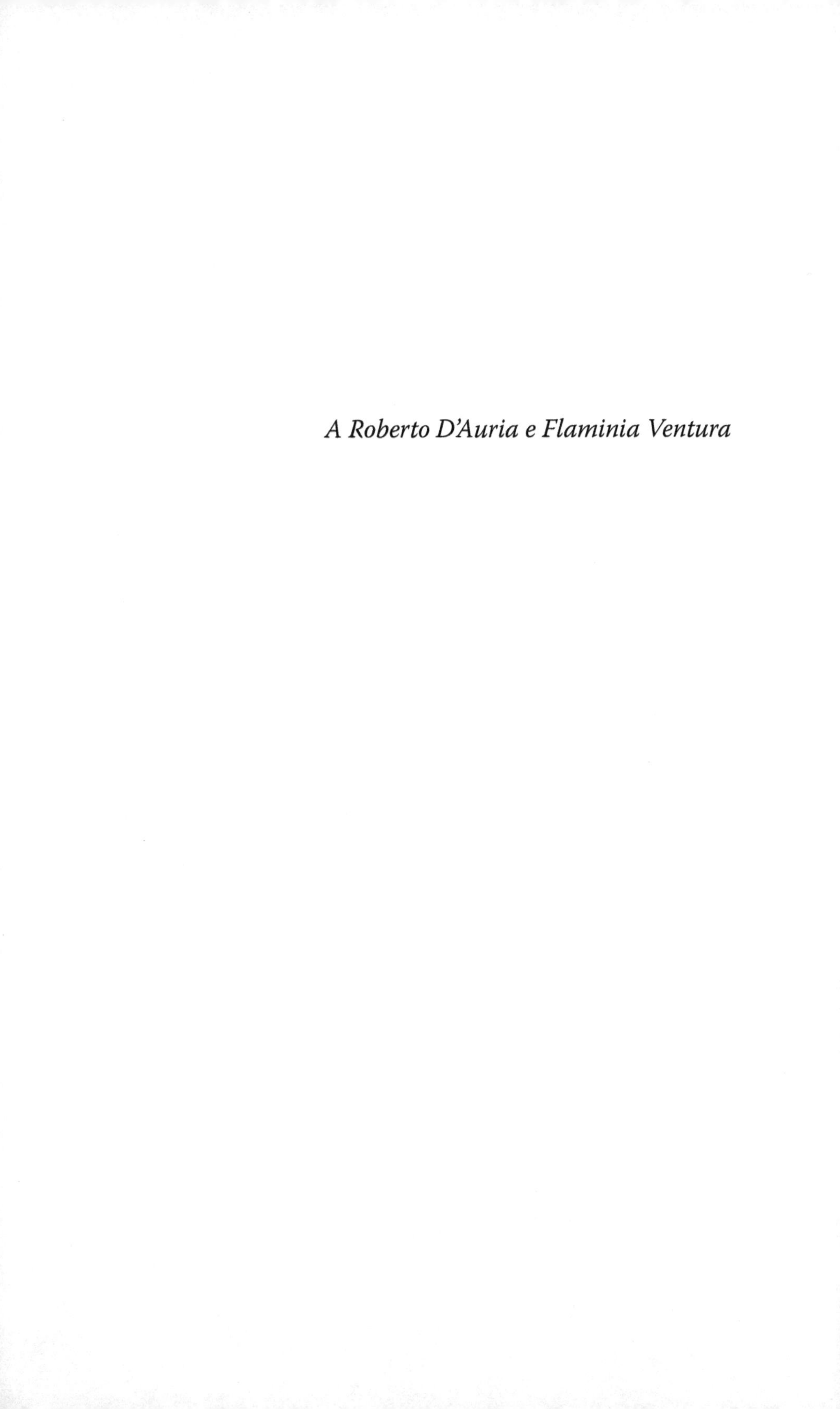

A Roberto D'Auria e Flaminia Ventura

IL RICAMBIO GENERAZIONALE IN AGRICOLTURA

Sommario

Introduzione

Il ricambio generazionale in agricoltura ha da sempre rappresentato una delle maggiori sfide per l'agricoltura europea ed in particolare per quella italiana.

Le informazioni statistiche disponibili evidenziano il processo di senilizzazione del comparto agricolo a livello europeo pur con grandi differenze tra Stati e all'interno degli Stati membri (Matthews A. 2018; Commissione Europea 2019).

Il processo di senilizzazione del comparto agricolo si riflette in un progressivo abbandono delle attività agricole, in particolare nelle aree più marginali (Zanetti *et al.* 2019).

L'esigenza di promuovere il rinnovo generazionale nel mondo agricolo è sempre più sentita. Il ricambio generazionale, infatti, resta una delle criticità più significative anche nell'attuale cornice della Politica Agricola Comunitaria (PAC).

L'Italia è tra i Paesi maggiormente responsabili dell'invecchiamento della popolazione europea. Nelle aree rurali il numero dei giovani si è quasi dimezzato negli ultimi dieci anni, ponendo a rischio la tenuta demografica e socio-economica di interi territori con gravi conseguenze anche sotto il profilo ambientale (Ismea 2022).

È ormai abbondante la letteratura che certifica la bassa presenza di giovani nell'agricoltura italiana (Inea-Oi-

GA 2005; SOTTE *et al.* 2005; CORSI 2005; EUROSTAT 2018; COMMISSIONE EUROPEA 2019).

La pubblicazione dei dati definitivi del VII Censimento Generale dell'Agricoltura permette di comprendere l'attuale composizione demografica dell'agricoltura italiana e analizzare cosa potrebbe accadere nei prossimi anni.

In termini generali, i dati del censimento 2020 indicano con chiarezza che l'agricoltura italiana si sta orientando verso un modello gestionale più moderno rispetto al modello familiare che da sempre ha caratterizzato l'agricoltura europea. Meno aziende agricole ma più grandi, meno terreni di proprietà e più ricorso all'affitto, più multifunzionalità e innovazione. Rimangono importanti ritardi rispetto agli altri settori economici come nella digitalizzazione e formazione professionale del capo azienda, ancora non del tutto adeguata, e persistono forti discrepanze territoriali (ISTAT, 2022a).

L'obiettivo principale del presente lavoro è quello di indagare l'effettiva presenza di giovani conduttori e la loro evoluzione numerica in un'ottica almeno intercensuaria analizzando i principali cambiamenti nella composizione demografica delle aziende agricole e indagando le differenze tra agricoltori giovani e anziani.

Nel 2020 la percentuale di aziende agricole con capo azienda giovane è scesa al 9,3% dall'11,5% del 2010. Si tratta di numeri coerenti con le generali tendenze demografiche e con quanto si sta verificando negli altri settori economici. Le cause sono molteplici e largamente conosciute: dalla maggiore attrattività di altre forme di impiego alla fuga verso l'estero (ISMEA, 2022), all'esistenza di divari sulla dotazione di infrastrutture e servizi essenziali che non favorisce la permanenza dei giovani nelle aree rurali, come le note difficoltà di accesso al credito, al capitale terra e alla formazione, tutte oggetto di numerosi approfondimenti (ASCIONE *et al.* 2014; COMMISSIONE EUROPEA 2015; ZAGATA e SUTHERLAND 2015; SUESS-REYES e FUETSCH 2016;

Van der Ploeg *et al.* 2017; Zanetti, Piras e Longhitano 2019; Coopmans *et al.* 2021; Korthals Altes 2023).

Tuttavia, una lettura più attenta permette di verificare come le aziende condotte da giovani abbiano caratteri specifici e differenti rispetto alle altre aziende agricole. Questa informazione è particolarmente utile al fine di concentrare l'attenzione e le risorse pubbliche presenti e future sulle determinanti di maggior rilievo della presenza dei giovani in agricoltura in grado di facilitarne non solo l'avvio dell'attività ma anche la loro permanenza e crescita.

In effetti, i dati dell'ultimo censimento ISTAT permettono di evidenziare alcune peculiarità delle aziende agricole gestite da giovani agricoltori, che confermano la loro maggiore competitività, la maggiore sostenibilità e una indiscussa maggiore capacità di innovazione (il 24,4% dei giovani ha realizzato almeno un investimento innovativo nel triennio 2018-2020, a fronte del 9,7% dei non giovani), una maggiore predisposizione a fare rete e produrre valore nel territorio. Si tratta prevalentemente di aziende più grandi della media (18,3 ettari di SAU per azienda contro 10,7 ettari), con più ampio ricorso ai terreni in affitto che non di proprietà, molto più aderenti a tecniche di coltivazioni sostenibili come il biologico e con un più spiccato orientamento verso il mercato. Ancora, i giovani imprenditori agricoli sono mediamente meglio formati (49,7% dei capi azienda giovani ha un diploma di scuola superiore e il 19,4% una laurea) e con un livello di digitalizzazione doppio rispetto a quello del comparto agricolo nel suo complesso. Le aziende agricole gestite da giovani dimostrano una maggiore propensione a diversificare le fonti di reddito perseguendo una agricoltura multifunzionale (l'incidenza dei giovani nelle aziende con attività connesse sale infatti al 19%).

Infine, si ritiene rilevante prendere in considerazione l'ipotesi che il fenomeno dell'invecchiamento della popolazione agricola possa assumere dei tratti e delle caratteristiche differenti in funzione dei territori analizzati che presentano situazioni di differente criticità (ZACCARINI BONELLI, 2010).

L'analisi dei dati per regione o macro area geografica consente di evidenziare come la scarsa presenza di giovani imprenditori agricoli interessi sostanzialmente tutto il territorio italiano ma con differenti pesi, come già evidenziato da CAGLIERO e NOVELLI (2012) e recentemente da LICCIARDO *et al.* (2023).

La presenza di conduttori anziani resta, infatti, marcata in tutte le circoscrizioni, ma in alcune aree si può evidenziare una situazione meno critica, con una incidenza maggiore di giovani rispetto al livello nazionale ed un peso significativamente inferiore di conduttori con più di 55 anni. La regione Sardegna manifesta tratti del fenomeno sicuramente peculiari e degni di maggiori e approfondite analisi. Identificare traiettorie caratteristiche e peculiari dei giovani conduttori in territori dove il fenomeno dell'invecchiamento sembra essere meno marcato potrebbe fornire informazioni rilevanti, anche in termini di futuri interventi nel contesto del prossimo periodo di programmazione (ESPOSTI e MAZZIERI, 2005).

L'analisi si avvale, quindi, prevalentemente dei dati provenienti dal VII Censimento dell'agricoltura, focalizzando l'osservazione sulla figura del capo azienda conduttore, considerando «giovani» i conduttori con età inferiore ai 40 anni. Tale scelta è stata condotta in coerenza sia con le indicazioni della letteratura specifica (INEA-OIGA 2005 e 2009; ZACCARINI BONELLI, 2010), sia con il principale intervento dello sviluppo rurale mirato all'insediamento di giovani in agricoltura, che pone come limite massimo di accesso al sostegno proprio i 41 anni[1] non compiuti.

L'analisi dei dati verrà completata con l'utilizzo dei dati camerali al fine di restringere il campo alle imprese, di-

---

1) Art. 4, paragrafo 6, Regolamento (UE) 2115/2021.

stinguendo queste ultime dalla più ampia popolazione delle aziende agricole (Sotte *et al.*, 2005) oggetto dell'indagine Istat.

Per meglio studiare aspetti quali le dimensioni economiche e gli orientamenti tecnico produttivi, in assenza di elaborazioni fornite dall'ISTAT relativamente all'ultimo censimento, ci si rifà ai dati forniti dalla più ampia letteratura e studi di settore, o a valutazioni effettuate nell'ambito della politica di sviluppo rurale.

Alla luce di quanto detto, e in considerazione dei tratti peculiari che caratterizzano le imprese agricole gestite da giovani imprenditori, sono molteplici i richiami alla necessità di un sostegno al rinnovo generazionale in agricoltura al fine di rendere il settore agricolo più competitivo e in grado di affrontare le future sfide ambientali e di adattamento ai cambiamenti climatici.

Tra gli ultimi in ordine di tempo, il documento della Commissione Europea (2021) dal titolo «Visione a lungo termine per le aree rurali: per aree rurali dell'UE più forti, connesse, resilienti e prospere» mette in evidenza come la presenza o la permanenza dei giovani nelle aree rurali sia essenziale per sostenere la vitalità non solo del settore agricolo ma dei territori in generale, grazie alla loro maggiore propensione all'innovazione e crescita imprenditoriale, come già evidenziato da De Guzman *et al.*, 2020; Dax, Copus, 2022; Murtagh *et al.* 2023.

Nel corso delle diverse programmazioni comunitarie, sono stati intensi gli sforzi per incentivare l'ingresso dei giovani nel settore primario. Gli strumenti messi in campo dall'Unione Europea sono ormai diversi e consolidati nel tempo.

Per il periodo 2023-2027, il ricambio generazionale continua ad essere considerato una priorità dal Piano strategico per la PAC dell'Italia che definisce, a questo proposito, un percorso per sostenere ed attrarre i giovani in agricoltura per mezzo di un insieme coerente di interventi, non solo comunitari, in grado di rispondere alle esigenze individuate nell'ambito dell'obiettivo specifico 7 dedicato a tale questione[2].

Il presente contributo intende completare l'analisi dei dati ISTAT con una ampia rassegna dei principali strumenti a supporto dei giovani imprenditori agricoli a livello nazionale e con un *focus* sulla regione Sardegna, valutando i limiti di quegli stessi strumenti che, da soli, non sembrano essere in grado di rimuovere i principali ostacoli che si frappongono all'avvio di un'attività agricola, invertendo in tal modo il pericoloso processo di senilizzazione del comparto.

Il lavoro si completa con le conclusioni ed alcune raccomandazioni per il futuro, in vista anche dell'ormai prossima revisione di medio termine della PAC.

f.p.

---

2) *Cfr.* il paragrafo 2.1 della versione del 23 Ottobre 2023 del PSP consultabile all'indirizzo *https://www.reterurale.it/flex/cm/pages/ServeBLOB.php/L/IT/IDPagina/24037*

1. La presenza giovanile in agricoltura

1.1. Cenni sulle dinamiche demografiche in Europa

Secondo i più recenti dati EUROSTAT (2022)[1], la distribuzione della popolazione dell'Unione Europea per fasce di età evidenzia un generale invecchiamento.

Tra il 2002 e il 2022, a livello europeo, la quota di ultraottantenni è quasi raddoppiata.

Nello stesso intervallo di tempo, la percentuale di persone di età pari o superiore a 65 anni è aumentata in tutti gli Stati membri.

Nel 2022, Italia e Portogallo (entrambi al 24%) con Finlandia e Grecia (entrambi al 23%) avevano le quote più alte, mentre Irlanda e Lussemburgo (entrambi al 15%) avevano quelle più basse. Per contro, la percentuale di giovani (di età compresa tra 0 e 19 anni) è diminuita in tutti gli Stati membri, dal 23% al 20%.

Nel 2022, le percentuali più elevate di giovani erano in Irlanda (26%) e in Francia (24%), mentre le più basse a Malta e in Italia (entrambe al 18%).

---

1) *https://ec.europa.eu/eurostat/web/interactive-publications/demography-2023#ageing-population*

L'età mediana della popolazione europea è così passata dai 38,7 anni nel 2002, ai 41,9 anni nel 2012 arrivando ai 44,4 anni nel 2022.

Tra gli Stati membri dell'UE, l'età mediana più alta nel 2022 è stata osservata in Italia (48,0 anni), mentre la più bassa è stata registrata a Cipro (38,3 anni)

L'Italia è, quindi, tra quei Paesi che in maggior misura determinano l'invecchiamento della popolazione europea.

Queste preoccupanti dinamiche sono ancora più evidenti se ci si focalizza sulle aree rurali.

Il problema della diminuzione dei giovani, infatti, riguarda soprattutto le aree rurali nel complesso. In queste aree il numero di residenti di età inferiore ai 40 anni ha un *trend* negativo. Il problema non riguarda nello specifico il settore agricolo, ma l'attrattività stessa delle località meno urbanizzate, in particolare di quelle interne e più fragili dal punto di vista della stratificazione demografica, dove la maggior parte della popolazione è anziana, non vi è alcun richiamo per i giovani, non esistono servizi adeguati alle giovani famiglie e la scelta prevalente è quella dell'abbandono. Negli ultimi 20 anni il numero di persone che vivono nelle aree rurali italiane si è ridotto. In soli 10 anni il numero dei giovani residenti nelle aree rurali è decisamente crollato (-44%), al contrario di quanto avvenuto invece nelle aree urbane o in quelle intermedie, rimaste più o meno stabili o con un calo molto ridotto.

Nelle aree interne, dove l'agricoltura e le foreste rimangono le principali attività economiche, il problema dei giovani è quindi molto più esteso e complesso rispetto a quello dell'ammodernamento del settore agricolo (PIRAS F. *et al.*, 2018).

Le dinamiche demografiche appena descritte permettono di capire meglio, anche in chiave prospettica, l'evoluzione degli addetti in agricoltura, costituendosi come una più ampia cornice all'interno della quale si deve obbligatoriamente inquadrare il futuro del comparto.

1.2. Analisi dei dati censuari dell'agricoltura italiana[2]

Le preoccupanti dinamiche demografiche della popolazione europea ed italiana si riflettono inevitabilmente anche nel settore agricolo.

L'ISTAT dal 7 Gennaio al 30 Luglio 2021 ha completato la raccolta dei dati del VII Censimento generale dell'Agricoltura, pubblicando i primi risultati a partire dal mese di Giugno 2022.

La rilevazione, l'ultima a cadenza decennale e l'ultima prima dell'avvio del Censimento permanente campionario, ha interessato tutte le aziende agricole presenti in Italia per fotografare e raccontare lo stato attuale del settore agrozootecnico e fornire un quadro informativo statistico sulla sua struttura a livello nazionale, regionale e locale.

Le informazioni raccolte, per la prima volta attraverso un questionario digitale, riguardano il numero delle aziende, il titolo di possesso dei terreni e la loro utilizzazione, la consistenza degli allevamenti, la manodopera impiegata e quelle attività, svolte parallelamente alla produzione agricola, grazie alle quali molte aziende da produttrici di beni divengono anche erogatrici di servizi (agriturismo, didattica ed altro).

Sono oltre 1.130.000 le aziende agricole italiane attive che rappresentano la popolazione di riferimento della VII edizione del Censimento dell'agricoltura.

Il quadro generale evidenzia, in confronto ai risultati del censimento del 2010, una significativa riduzione del numero

---

2) Per un approfondimento si rimanda alle pubblicazioni ISTAT:
   • ISTAT (2022), «VII Censimento generale dell'agricoltura: primi risultati», 28 Giugno.
   • *https://www.istat.it/it/files//2022/06/REPORT-CENSIA-GRI_2021-def.pdf*
   • ISTAT (2022), «VII Censimento dell'agricoltura: rilascio dei nuovi dati, Nota per la stampa», 23 Settembre.

delle aziende agricole italiane (-30%). La riduzione è avvenuta ad un ritmo molto superiore rispetto a quanto registrato nei principali Paesi europei (Francia: -20%, Germania: -12%, Spagna: -7,6%). La flessione media registrata per il complesso delle aziende trova riscontro nell'intera Penisola. Infatti, tra il 2010 e il 2020, il numero di aziende agricole si riduce in tutte le regioni, anche se con valori assoluti decisamente diversi. Il calo più deciso si registra in Campania (-42,0%).

Contestualmente, la Superficie Agricola Utilizzata (SAU) è stata soggetta ad una riduzione molto inferiore (-2,5%) a testimonianza di come, nell'agricoltura italiana, sia in atto un importante processo di concentrazione (CARDILLO *et al.* 2022; GIACOMINI, 2022; HENKE e SARDONE, 2022; MANZI *et al.*, 2022).

Come conseguenza della diminuzione più veloce del numero di aziende agricole rispetto alle superfici, la dimensione media delle aziende è più che raddoppiata sia in termini di SAU (passata da 5,1 a 11,1 ettari medi per azienda) che di Superficie Agricola Totale (da 7,1 a 14,5 ettari medi per azienda).

Nel 2020 solo poco più di 2 aziende agricole su 10 hanno meno di un ettaro di SAU contro circa 3 su 10 del 2010 e più di 4 su 10 nel 2000. Al contempo, l'incidenza del numero di aziende agricole con almeno 10 ettari di SAU e meno di 100 è più che raddoppiata tra il 2000 e il 2020 (passando da 8,9% a 20,2%), mentre quella delle aziende agricole con almeno 100 ettari è rimasta sostanzialmente invariata (da 1,5% a 1,6%), *cfr.* DA ROLD C., 2023.

La variazione delle superfici agricole (SAU) utilizzate non sempre corrisponde a quanto è invece dato osservare circa il numero delle aziende. A fronte di una flessione media nazionale del 2,5%, la SAU cresce in otto regioni (Valle d'Aosta, Lombardia, Veneto, Friuli Venezia Giulia, Liguria, Lazio, Puglia, Sardegna) mentre tra quelle dove si registra una riduzione, oltre alle due province autonome spiccano la Toscana (-15,2%) e la Basilicata (-11,1%).

Quanto alla forma di conduzione, nel corso del decennio in esame sono sensibilmente diminuite le aziende agricole che coltivano terreni esclusivamente di proprietà. La flessione ha riguardato sia il numero assoluto di aziende (da 1.187.667 nel 2010 a 664.293 nel 2020), sia il peso relativo dei terreni di proprietà rispetto al totale (da 73,3% a 58,6%). Di contro, risultano in crescita tutte le altre forme di titolo di possesso.

Nel 2020, il 93,5% delle aziende agricole risulta gestito nella forma di azienda individuale o familiare. Tale quota è in leggera diminuzione rispetto al 2010 (96,1%), mentre nel decennio aumenta l'incidenza relativa delle società di persone, di capitali ed altre forme giuridiche.

Le aziende individuali o familiari, pur continuando a rappresentare il profilo giuridico più ampiamente diffuso nell'agricoltura italiana, sono le uniche in chiara flessione rispetto al 2010, sia in termini numerici che di SAU interessata, mentre crescono tutte le altre forme giuridiche. La minore incidenza delle aziende individuali o familiari in termini di superfici deriva dalla loro dimensione media (8,6 ettari di SAU nel 2020), molto più bassa rispetto a quella delle società di persone (41,6 ettari) o di capitali (41,5 ettari).

Nel complesso, emerge un quadro evolutivo caratterizzato sia dall'inevitabile e progressivo processo di uscita dal mercato delle aziende non più in grado di sostenere la propria attività, prevalentemente di piccole dimensioni, a gestione familiare e poco orientate al mercato, sia dalla crescente divaricazione tra proprietà e gestione dei terreni a uso agricolo, con la forte espansione di forme di gestione alternative, prime tra tutte l'affitto.

Il tipo di utilizzo dei terreni agricoli non muta sostanzialmente nei dieci anni. Oltre la metà della SAU continua ad essere coltivata a seminativi (57,4%). Seguono i prati permanenti ed i pascoli (25,0%), le legnose agrarie (17,4%) e gli orti familiari (0,1%).

Tra i seminativi, i più diffusi sono i cereali per la produzione di granella, come il grano duro. Le legnose agrarie, sebbene diffuse in tutto il territorio nazionale, sono per lo più concentrate nel Mezzogiorno. Tra le coltivazioni legnose agrarie l'olivo è la più diffusa, seguita dalla vite.

Le aziende agricole zootecniche risultano nel 2020 il 22% delle aziende agricole complessive e sono maggiormente concentrate nel Sud Italia. La Sardegna detiene il primato con circa 24 mila aziende, pari al 10% del totale. Un aspetto interessante è legato al fatto che, dal confronto con il 2010, in un contesto di decisa diminuzione del numero di aziende agricole nel loro complesso, il numero di aziende zootecniche è calato in misura minore.

Continua la predominanza della manodopera familiare rispetto a quella non familiare. Tuttavia appare sempre più chiara, rispetto al passato, l'evoluzione dell'agricoltura italiana verso forme gestionali maggiormente strutturate che si avvalgono anche di manodopera salariata. Questo aspetto è in linea con quanto già osservato in merito all'evoluzione delle forme giuridiche delle aziende agricole. Sebbene, infatti, anche nel 2020 la manodopera familiare sia presente nel 98,3% delle aziende e la forza lavoro complessiva sia diminuita rispetto a dieci anni prima (-28,8% in termini di persone e -14,4% in termini di giornate standard lavorate), l'incidenza del lavoro prestato dalla manodopera non familiare aumenta significativamente.

In generale, la formazione dei capi azienda è ancora molto legata all'esperienza in campo: quasi il 59% ha un titolo di istruzione scolastica non oltre la terza media, o nessun titolo, e solo il 10% è laureato. È però da rilevare una decisa evoluzione del livello di istruzione rispetto al 2010, quando poco più del 6% era laureato e oltre il 70% possedeva un titolo di studio fino alla terza media o nessun titolo. Inoltre, un capo azienda su tre ha partecipato ad almeno un corso di formazione agricola.

Nel 2020 è cresciuta la quota di aziende che hanno diversificato l'offerta, dedicandosi ad altre attività remunerative connesse a quelle agricole.

Si tratta di poco più di 65 mila aziende, che rappresentano il 5,7% delle aziende agricole censite nel 2020 (erano il 4,7% nel 2010). Tra le attività connesse, le più diffuse sono l'agriturismo, praticato dal 37,8%. L'agriturismo, insieme con la produzione di energie rinnovabili sono anche le due tipologie di attività connesse che evidenziano una decisa crescita rispetto al decennio precedente (+16% e +198%, rispettivamente).

Il 15,8% delle aziende agricole usa un *computer* o altre attrezzature informatiche o digitali nell'ambito dei processi aziendali. Si tratta di un valore quattro volte superiore a quello registrato nel 2010. Nel decennio, l'incremento della digitalizzazione ha interessato tutte le regioni italiane, contribuendo a ridurre le disparità territoriali. Il numero di aziende agricole digitalizzate è in media quasi triplicato (+193,7%), quadruplicato in Calabria e Sardegna.

Nonostante questo incremento generalizzato, continua a persistere un forte divario tra le ripartizioni geografiche del Paese. Solo il 6,7% delle aziende informatizzate è localizzato al Sud e il 10,3% nelle Isole. Percentuali ancora lontane dai valori registrati al Centro (16,1%), al Nord-Ovest (32,9%) e soprattutto al Nord-Est (33,5%), trainato dalle province autonome di Trento (52,8%) e Bolzano (60,8%).

Come facilmente prevedibile, le aziende che svolgono anche altre attività remunerative connesse a quelle agricole sono quelle maggiormente digitalizzate. Per contro, le meno informatizzate sono le aziende che svolgono esclusivamente attività agricola (13,1%).

L'informatizzazione e l'associazionismo sono strettamente connessi: due aziende informatizzate su tre fanno parte di aggregazioni di produttori, di reti di imprese o o di altre forme organizzative (64,8%).

Infine, con la rilevazione censuaria è stato chiesto alle aziende agricole di comunicare l'eventuale presenza di investimenti innovativi nel triennio 2018-2020, con particolare riferimento agli ambiti dell'agricoltura di precisione, della ricerca e sviluppo, effettuati dalle imprese con personale proprio (*intra-muros*) o sostenuti per finanziare progetti esterni (*extra-muros*), come l'acquisizione di macchinari, attrezzature, *hardware* e *software* tecnologicamente avanzati o di altri strumenti[3]. In media, l'11% delle aziende agricole ha dichiarato di aver effettuato almeno un investimento innovativo tra il 2018 e il 2020.

I maggiori investimenti innovativi sono stati destinati alla meccanizzazione (55,6% delle aziende), seguono l'impianto e la semina (23,2%), la lavorazione del suolo (17,4%), l'irrigazione (16,5%). Le innovazioni nella struttura organizzativa e commerciale, che presupporrebbero una riorganizzazione aziendale interna anche del personale, risultano ancora poco diffuse e coinvolgono rispettivamente il 7,6% e il 5,5% delle aziende che innovano. L'innovazione delle tecniche di gestione dei rifiuti appare residuale e riguarda solamente l'1,8% delle aziende.

Nonostante il ritardo complessivo registrato nel Mezzogiorno, la Sardegna presenta un'incidenza di aziende innovative pari all'11,3%, nettamente superiore a quella di tutte le altre regioni del Mezzogiorno. Decisamente sopra la media nazionale le Province autonome di Bolzano (45,6%) e Trento (32%), seguite da Piemonte (23,2%) e Emilia-Romagna (22,2%). Fanalini di coda la Basilicata (5,4%), la Calabria (5,2%) e la Puglia (4,7%).

---

3) Sotto forma di brevetti, invenzioni non brevettate, licenze, *know-how*, marchi, progetti e servizi tecnici di consulenza o anche delle attività di formazione del personale necessarie per l'introduzione di innovazioni di prodotto, servizio e processo.

1.3. I giovani nell'agricoltura nazionale[4]

Il VII Censimento dell'agricoltura, rispetto a quanto avvenuto nel 2010, consente una comprensione più completa delle caratteristiche della nuova generazione di agricoltori rispetto a quella degli agricoltori più anziani, mettendo a confronto gli elementi che contraddistinguono agricoltori ed aziende agricole in base alle differenti fasce d'età. Al momento, purtroppo, devono essere ancora diffusi i dati relativi agli aspetti strutturali delle imprese gestite da giovani agricoltori, impedendoci di rilevare eventuali differenze in termini di dimensione economica e ordinamento produttivo rispetto alle aziende gestite dagli imprenditori più anziani. Alcuni dati su questi aspetti saranno comunque fornite, nei paragrafi successivi, utilizzando fonti secondarie o studi basati sull'analisi di campioni ristretti di aziende. Nonostante queste limitazioni, la fotografia restituita dall'ISTAT permette di evidenziare per le imprese gestite dai giovani numerose indicazioni positive.

1.3.1. Numero di aziende e SAU

Entrando più in dettaglio nelle tabelle fornite dall'ISTAT, il confronto con i dati del 2010 evidenzia un'importante riduzione del numero di aziende agricole con capi azienda giovani (circa 80 mila in meno, pari a un calo del 43,8%), anche superiore rispetto a quello registrato dalle aziende agricole nel complesso (-30,1%, come visto nei paragrafi precedenti). Nel 2020, il 9,3% del totale dei capi azienda ha un'età non superiore ai 40 anni (erano l'11,5% nel 2010). In sostanza, i giovani imprenditori agricoli occupano una percentuale

---

4) Il capitolo prende in considerazione i dati organizzati per fasce di età diffusi dall'ISTAT nell'Agosto 2022 (*https://www.istat.it/it/archivio/273753*).

inferiore sul totale dei capi azienda rispetto a dieci anni fa, nonostante il forte calo del numero di aziende agricole, sceso a 1.133.000 circa nel 2020, -30% rispetto al 2010 (quando erano 1,6 milioni). In numeri assoluti parliamo di 104 mila capi azienda contro i 186 mila del censimento precedente.

La flessione si avverte soprattutto al Sud e nelle Isole, dove in dieci anni c'è stato quasi un dimezzamento delle aziende giovani (AA.VV. 2023a). In termini assoluti, le giovani aziende agricole sono in percentuale maggiore nel Meridione: quasi 60 mila imprese, contro le 16 mila del Centro e le poco più di 30 mila del Nord. Lo stesso *trend* si osserva per la superficie coltivata, molto più estesa al Sud rispetto ad altre aree del Paese.

I dati ci raccontano quindi una storia diversa dall'opinione corrente che periodicamente alimenta false speranze di ritorno alla terra. Questo ritorno non si sta in realtà verificando, almeno non nei numeri necessari per sostenere un ricambio generazionale sempre più urgente nel settore primario.

Il continuo invecchiamento dell'imprenditoria agricola nazionale non è quindi certamente un fenomeno superato ma anzi un tratto ormai strutturale dell'agricoltura italiana (Corsi *et al.* 2005; Tarangioli e Trisorio 2010; Gabrielli G. 2010; Cersosimo 2012b; Cersosimo, Ferrara 2013; Carbone e Corsi 2014; Ascione *et al.* 2014, Licciardo *et al.* 2023) destinato a peggiorare in considerazione dell'attuale 57,5% di capi azienda *over* 60 prossimo al ritiro.

I dati ISTAT, quindi, smentiscono la narrativa spesso sentita di un massiccio ritorno dei giovani alla terra, nuovi protagonisti delle aree rurali. Purtroppo, dai dati censuari emerge che il *trend* è del tutto opposto. Il ricambio generazionale nel settore agricolo non è fermo al palo, ma addirittura negativo, in un contesto generale aggravato da una fortissima emorragia del numero totale di aziende agricole che prosegue da decenni e che vede scomparire soprattutto quelle aziende di piccola dimensione e a gestione familiare che però ancora costituiscono l'ossatura del nostro settore primario (AA.VV. 2023b).

L'esame dei dati censuari realizzato da LICCIARDO *et. al* (2023a) evidenzia come nel 2020 il tasso di sostituzione (calcolato sulla base del rapporto tra i capi azienda della classe di età ≤ 40 e gli *over* 60) si attesta al 16,1%, confermando la bassa tendenza al ricambio generazionale del sistema imprenditoriale agricolo italiano. A livello territoriale le differenze in termini di valore del tasso di sostituzione sono no-

TABELLA N. 1: NUMERO DI AZIENDE PER ETÀ DEL CAPO AZIENDA (≤40 ANNI) E TOTALE AZIENDE PER REGIONE. ANNO 2010 E 2020.

Regione / Ripartizione	Istat 2010			Istat 2020		
	Capoazienda con età fino a 40 anni	Totale	% n aziende fino a 40/ n aziende totali	Capoazienda con età fino a 40 anni	Totale	% n aziende fino a 40/ n aziende totali
	Numero di aziende	Numero di aziende		Numero di aziende	Numero di aziende	
Abruzzo	5.547	66.837	8,3%	3.123	44.365	7,0%
Basilicata	5.941	51.756	11,5%	3.436	33.790	10,2%
Bolzano	3.711	20.247	18,3%	2.757	19.532	14,1%
Calabria	15.894	137.790	11,5%	8.222	95.409	8,6%
Campania	15.878	136.872	11,6%	8.659	79.105	10,9%
Emilia-Romagna	6.625	73.466	9,0%	4.200	53.631	7,8%
Friuli-Venezia Giulia	1.933	22.316	8,7%	1.465	16.361	9,0%
Lazio	10.010	98.216	10,2%	6.475	66.267	9,8%
Liguria	2.623	20.208	13,0%	1.411	12.848	11,0%
Lombardia	8.781	54.333	16,2%	5.382	46.782	11,5%
Marche	3.511	44.866	7,8%	2.784	33.660	8,3%
Molise	2.933	26.272	11,2%	1.463	18.194	8,0%
Piemonte	9.869	67.148	14,7%	6.072	51.597	11,8%
Puglia	27.443	271.754	10,1%	12.941	191.392	6,8%
Sardegna	8.996	60.812	14,8%	7.073	46.865	15,1%
Sicilia	29.401	219.677	13,4%	13.476	142.330	9,5%
Toscana	7.580	72.686	10,4%	4.336	52.109	8,3%
Trento	2.315	16.446	14,1%	1.942	14.002	13,9%
Umbria	3.353	36.244	9,3%	2.446	26.936	9,1%
Valle d'Aosta	562	3.554	15,8%	392	2.490	15,7%
Veneto	9.862	119.384	8,3%	6.831	82.863	8,2%
ITALIA	**182.768**	**1.620.884**	**11,3%**	**104.886**	**1.130.528**	**9,3%**

Fonte: ISTAT, 7° Censimento generale dell'agricoltura

tevoli, variando dal valore minimo della Puglia (11%) al valore massimo della provincia autonoma di Bolzano (37,1%). In termini generali, le regioni settentrionali evidenziano valori superiori alla media. Un caso emblematico è rappresentato dalla regione Sardegna, l'unica regione meridionale in cui il tasso di sostituzione supera il 30%.

Va comunque evidenziato che, restringendo il campo di osservazione alle sole aziende economicamente più rilevanti, i dati Unioncamere non evidenziano una contrazione delle imprese agricole giovanili ma, comunque, non mostrano significative variazioni in termini di peso per le aziende condotte da *under* 35 anni rispetto al totale delle aziende agricole, passate dal 7,3% del 2011 al 7,6% del 2022 (Piras 2022).

Tornando ai dati ISTAT, a fronte della contrazione numerica descritta nei paragrafi precedenti, le aziende con a capo un giovane sono di dimensioni più grandi: la SAU è di 18,3 ettari, rispetto a 9,9 ettari delle aziende guidate da «non giovani» e a una media di tutte le aziende agricole di 10,7 ettari. Di conseguenza, complessivamente, i giovani fino a 40 anni detengono il 16% della SAU totale nazionale (104,9 mila aziende per 1,919 milioni di ettari). In alcune regioni la percentuale della SAU nelle aziende con capi giovani supera il 20%, come nel caso di Valle d'Aosta (28,8%), Sardegna (25,1%), provincia di Trento (22,8%).

1.3.2. Titolo di possesso dei terreni

Un'altra particolarità è che nelle aziende guidate da giovani quasi il 61% della SAU è in regime di affitto. Percentuale che scende al 38% per gli *over* 40.

Per contro, nelle aziende condotte da giovani, la quota di SAU di proprietà si riduce al 27,4%, mentre nelle aziende con agricoltori più anziani raggiunge il 52,4%.

Queste informazioni sembrerebbero confermare un problema di accesso alla terra, soprattutto per le aziende in fase di *start-up*, a causa degli elevati costi di acquisto e della resistenza degli agricoltori anziani a lasciare l'attività, vissuta spesso come forma di sostentamento a integrazione di una pensione insufficiente.

Tuttavia, questo aspetto, unitamente alla maggiore superficie media, potrebbe anche portare a pensare che le aziende gestite da giovani preferiscano investire non nel capitale terra, troppo costoso, ma in capitale circolante o in lavoro per raggiungere, a parità di condizioni, una produttività più elevata. Per queste imprese è quindi lecito, come fatto dall'ISTAT, parlare appunto di «imprese agricole» distinguendole dalla pletora di unità produttive di dimensioni economiche e fisiche molto limitate e orientate spesso all'autoconsumo più che al mercato, per le quali il termine azienda è più appropriato.

1.3.3. Aziende con attività connesse

Sono 12 mila su 1.130.528 le aziende con titolari *under* 40 con almeno un'attività connessa. Ancora poche. Se ampliamo lo sguardo sul totale delle imprese, sono solo il 5,7%, con una crescita impercettibile negli ultimi dieci anni.

L'11,6% delle aziende con capi azienda giovani svolge almeno un'attività remunerativa connessa con quella agricola. La stessa percentuale scende al 5,2% se si considerano le aziende degli *over* 40. I valori mostrano, tuttavia, una fortissima variabilità tra le regioni evidenziando un notevole divario tra le macro-aree geografiche del Paese. Le percentuali maggiori si registrano al Nord, dove oltre il 20% dei giovani dichiara almeno una attività connessa (oltre il 10% per le imprese *over* 40). Per contro, nel Mezzogiorno solo il 5,7% dei giovani agricoltori (ma anche solo il 2,3% degli *over* 40) dichiara di svolgere attività connesse. I divari territoriali sono ancora più evidenti se si esaminano i dati regionali: in 12 regioni del Centro-Nord la quota di aziende agricole con attività connesse è ampiamente superiore alla media nazionale (pari all'11%) con un valore massimo del 30,3% registrato per la provincia autonoma di Bolzano. Viceversa, nelle regioni del Mezzogiorno – Lazio e Abruzzo incluse – la stessa percentuale si attesta sempre su valori inferiori al 10%, con Sicilia, Calabria e Puglia che non raggiungono il 5%.

Da questi dati risulta comunque evidente che i giovani agricoltori hanno inequivocabilmente abbracciato, seppur lentamente, il concetto di agricoltura multifunzionale, associando alla primaria funzione di produzione di alimenti attività altrettanto importanti come l'agriturismo, la trasformazione e la vendita diretta, la produzione di energia elettrica, le scuole rurali dell'infanzia. Questa tendenza, che sta progressivamente rimodellando il settore primario italiano, già evidenziata negli studi di HENKE (2004) e HENKE, POVELLATO (2012) registra adesso una significativa accelerazione.

1.3.4. Aziende per titolo di studio

I giovani agricoltori hanno livelli di formazione o di professionalizzazione indiscutibilmente migliori rispetto ai non giovani.

Nel 2020, il 46,5% dei capi azienda giovani ha frequentato almeno un corso di formazione mentre la medesima quota, per gli *over* 40, si ferma al 27,2%.

Le percentuali di diplomati e laureati sono significativamente maggiori tra gli imprenditori con età inferiore ai 41 anni rispetto alle altre classi di età. Infatti il 49,7% dei capi azienda giovani ha un diploma di scuola superiore e il 19,4% una laurea: percentuali che si riducono per gli *over* 40 (22,1% di diplomati e 8,7% di laureati). La quota di capi azienda giovani laureati o con diploma di scuola media superiore (69%) è più che doppia rispetto a quella degli *over* 40 (30,8%). Un aspetto interessante è rappresentato dal fatto che le lauree di ambito agrario e veterinario non sono tra i titoli di studio predominanti. Sono invece in crescita lauree e diplomi universitari di diverso indirizzo. In altre parole, la formazione specialistica non è determinante negli attuali percorsi di ricambio generazionale in agricoltura, aspetto che dovrebbe essere tenuto quindi in debita considerazione nell'elaborazione degli strumenti di sostegno al ricambio generazionale.

Oltre un quarto dei capi azienda *over* 40 non possiede alcun titolo di studio o si imita alla sola licenza elementare, mentre per le aziende giovani questa percentuale è irrisoria (1,3%). Le Regioni con il maggior tasso di capi azienda giovani laureati sono l'Umbria (26,5%), la Toscana (25,9%), le Marche (22,6%) e la Lombardia (22,2%). Fanalini di coda in questa classifica la Valle d'Aosta (10,5%) e la provincia autonoma di Bolzano (10,7%).

1.3.5. Aziende per destinazione della produzione finale e commercializzazione

La quota di aziende giovani che commercializzano secondo varie tipologie i propri prodotti è superiore al 71% contro il 53% delle aziende non giovani. In particolare, i giovani sono particolarmente attratti dalla vendita diretta in azienda e fuori azienda dimostrando una più spinta familiarità con la commercializzazione.

Il più spiccato orientamento al mercato delle imprese gestite da *under* 40 lo si può evidenziare anche dalla prevalente destinazione della produzione finale. Infatti, le aziende giovani sono caratterizzate da una minor quota di autoconsumo dei prodotti aziendali. La percentuale di aziende giovani che hanno consumato direttamente i prodotti aziendali è del 59,5% contro il 63,9% delle non giovani. Tra le aziende che praticano l'autoconsumo, solo il 22,7% di quelle giovani utilizza l'intera produzione finale, contro il 45,1% di quelle non giovani.

1.3.6. Aziende per soggetto da cui si è rilevata la conduzione dell'azienda

L'informazione relativa alla modalità di accesso alla conduzione dell'azienda consente di distinguere tra due tipologie di imprenditori: coloro che subentrano in un'azienda preesistente e quelli che ne avviano una nuova, con indicazioni importantissime ai fini della determinazione del tipo di interventi a supporto dell'insediamento e delle modalità di erogazione del sostegno, che deve evidentemente essere differenziato in funzione della tipologia di imprenditore.

Nel caso delle aziende gestite da *over* 40, tre quarti dei rispondenti ha dichiarato di aver ereditato l'azienda da un familiare (67% delle risposte) o da un parente (8,2%), mentre più basse sono le percentuali di coloro che hanno acquistato l'azienda da terzi (7%) o l'hanno creata da zero (18%). Nel caso degli *under* 41, aumenta al 28% l'incidenza delle *start-up*, rispetto alle successioni in ambito familiare che scendono al 56%.

Queste informazioni, insieme alla maggiore diffusione dei terreni agricoli in affitto, in particolare per i giovani, suggeriscono che negli anni più recenti, accanto alla consolidata pratica di successione familiare, si sta sviluppando una forma di ricambio generazionale rappresentato da nuovi imprenditori, spesso estranei al contesto agricolo, con esigenze e fabbisogni diversi rispetto agli ancor largamente diffusi subentri nelle aziende familiari.

1.3.7. Aziende per tipologia di associazionismo

Le aziende giovani sono caratterizzate da una maggior propensione a cooperare con altre aziende, anche attraverso la costituzione di reti o con l'adesione a organizzazioni di produttori: risultano associate il 46,8% delle aziende giovani contro il 40,1% di quelle non giovani. Anche in questo caso, il dettaglio per tipologia di associazionismo restituisce sempre valori maggiori per le aziende *under* 41.

Limitatamente alle aziende giovani, il 21,5% fa parte di un'organizzazione di produttori e il 2,2% (in confronto allo 0,7% degli agricoltori *over* 40) è coinvolto in una rete d'impresa.

1.3.8. Aziende che adottano metodi di coltivazione biologici

Le aziende agricole giovani che adottano metodi di coltivazione biologici sono pari ad oltre un quinto (20,1%) del totale delle aziende a conduzione biologica in Italia. La stessa percentuale arriva al 23,9% per gli allevamenti che adottano il metodo biologico. L'incidenza delle aziende biologiche sul totale è circa due volte e mezza superiore per le aziende giovani rispetto a quelle non giovani.

Questa maggiore adesione al regime biologico da parte dei giovani agricoltori, rispetto agli agricoltori *over* 40, è particolarmente significativa non solo perché in linea con gli obiettivi ambientali della politica agricola comunitaria, che dedica al biologico una misura di intervento specifica e cospicue risorse finanziarie, ma anche perché i metodi di produzione più sostenibili, come il biologico, impongono l'adozione di pratiche agricole nuove o comunque differenti rispetto a quelle adottate da chi ha sempre praticato l'agricoltura convenzionale. In altre parole, il rinnovo generazionale assume, in questo senso, una valenza più ampia rappresentando un cambiamento di pratica agricola, non solo una semplice riduzione dell'età media dei conduttori (KORTHALS ALTES 2023).

1.3.9. Aziende innovatrici e informatizzate

Le aziende agricole giovanili risultano anche più innovative e informatizzate rispetto a quelle non giovani, come era facilmente prevedibile in considerazione della più alta scolarizzazione e della maggiore specializzazione degli *under* 40 rispetto agli *over* 40. Innovano 2,5 imprenditori giovani su 10, contro 1 su 10 non giovane, e la quota di imprese giovanili informatizzate è più che doppia rispetto al numero di quelle condotte da *over* 40. Entrando nel dettaglio della tipologia di innovazione, la quota di aziende giovanili è più che doppia rispetto alle non giovani in tutte le voci. In alcuni casi è addirittura quattro volte superiore: come per le innovazioni connesse a vendita e *marketing*.

La forte attenzione dei giovani nei confronti dell'innovazione non deve costituire una sorpresa. Precedenti indagini avevano già dimostrato come il 51% degli *under* 40 considera l'applicazione dell'innovazione un elemento fondamentale per lo sviluppo delle proprie imprese e del settore in generale, contro il 48% degli *over* 40. Bassissima è la percentuale di agricoltori che considera l'innovazione come un fattore ininfluente nella gestione aziendale: per entrambe le classi di età, la percentuale si attesta allo 0,8%, a conferma di come gli imprenditori agricoli di qualunque età siano coscienti dell'importanza dell'innovazione nelle proprie attività imprenditoriali (CENTRO STUDI DIVULGA 2021).

1.3.10. Aziende per ordinamento produttivo

I dati rilasciati dall'ISTAT, sebbene consentano di approfondire per la prima volta aspetti importantissimi delle imprese agricole dei giovani rispetto a quelle degli *over* 40, non restituiscono purtroppo al momento nessun elemento circa le possibili differenze in tema di ordinamento produttivo e dimensione economica. Tuttavia, il ricorso ad altre fonti consente comunque di avere un'idea sul tipo di utilizzo dei terreni agricolo da parte dei giovani imprenditori rispetto ai non giovani.

Un documento della Rete Rurale Nazionale (RRN) nel 2018 (DE FRANCO *et. al.* 2018) evidenziava come gli orientamenti tecnico economici più diffusi tra i giovani imprenditori fossero le coltivazioni legnose agrarie (39% delle aziende distribuite tra olivo, vite e frutti agrumicoltura), seminativi (22%) e allevamenti (17%).

Secondo i dati del CENTRO STUDI DIVULGA (2022) sugli orientamenti produttivi e colturali delle aziende *under* 35 emerge come la maggioranza dei giovani imprenditori risulti impegnato nella coltivazione di ortaggi: il 13% del totale delle imprese agricole condotte da giovani. Quota altrettanto importante risulta ricoperta dal settore delle coltivazioni agricole associate all'allevamento di animali con 6,5 mila aziende giovanili registrate (12%). A seguire il settore vitivinicolo che conta 5,7 mila aziende giovanili (10,5%), le coltivazioni di cereali, legumi e semi oleosi con 5,2 mila aziende (9,5%).

Sebbene si tratti di dati non comparabili con quelli forniti dall'ultimo censimento ISTAT, sembrerebbe comunque che i giovani imprenditori agricoli risultino maggiormente orientati verso ordinamenti produttivi a più alto valore aggiunto e a maggiore intensità di lavoro che richiedono una forte impegno di tempo e capitale (ASCIONE *et al.* 2014; ZANETTI *et al.* 2019).

1.3.11. Sintesi sulle caratteristiche delle aziende dei giovani agricoltori

I dati dell'ultimo censimento ISTAT restituiscono, quindi, una fotografia completa del profilo dei giovani imprenditori agricoli e delle loro aziende rispetto agli imprenditori non giovani. Si tratta di imprenditori che hanno un titolo di studio medio-alto, generalmente provengono da famiglie con una qualche attività legata al settore agricolo e gestiscono aziende più grandi e professionalizzate, più moderne (digitalizzate e informatizzate) e maggiormente inclini ad associarsi. Inoltre, con le loro aziende si occupano più frequentemente di attività connesse e riservano maggiore attenzione alla fase di commercializzazione dei prodotti (anche attraverso la vendita diretta) e ai metodi di produzione sostenibile, come il biologico.

1.4. Analisi dei dati censuari dell'agricoltura sarda

Nei precedenti capitoli abbiamo evidenziato le più importanti tendenze demografiche a livello europeo, per poi restringere il campo di indagine, attraverso il ricorso ai recenti dati ISTAT del VII Censimento dell'agricoltura, ai tratti maggiormente significativi dell'agricoltura italiana, mettendo in luce la sempre più scarsa presenza di giovani imprenditori agricoli, i quali, seppure numericamente in contrazione, mostrano significative caratteristiche differenzianti rispetto agli agricoltori non giovani. Nel corso del presente capitolo i dati ISTAT vengono impiegati per delimitare ulteriormente il campo di indagine e restituire una sintetica e completa fotografia del comparto agricolo in Sardegna, con particolare riguardo per i giovani agricoltori sardi. L'obiettivo è quello di arrivare ad una quanto più completa comprensione delle caratteristiche della nuova generazione di agricoltori sardi rispetto agli agricoltori più anziani, come già fatto a livello nazionale.

In questo modo si cerca di evidenziare eventuali determinanti che possano permettere di capire i motivi della maggior presenza di giovani imprenditori nell'agricoltura isolana rispetto a quanto avviene in gran parte delle regioni italiane.

Infatti, con riferimento al diffuso processo di senilizzazione dell'agricoltura, esistono delle eccezioni regionali che, pur non contraddicendo la tendenza generale, mostrano comunque una maggiore concentrazione di giovani agricoltori, superiore alla media nazionale, suggerendo la potenziale esistenza di determinanti facilitanti il loro insediamento (Licciardo *et al.* 2023a, c).

Il caso Sardegna rappresenta in questo senso un interessante caso studio.

Per comprendere appieno l'esistenza di fattori favorevoli all'insediamento dei giovani in agricoltura sono, evidentemente, necessarie ulteriori informazioni ed analisi che partano dai dati del nuovo Censimento permanente dell'agricoltura, ma che incorporino anche informazioni raccolte attraverso indagini qualitative ed altre fonti che consentano di delineare una comprensione ampia delle tendenze demografiche in atto e delle evoluzioni dei territori rurali.

Al momento, purtroppo, come segnalato per le risultanze ISTAT a livello nazionale, devono ancora essere diffusi i dati relativi agli aspetti strutturali delle imprese gestite da giovani agricoltori, che permetterebbero di rilevare eventuali differenze in termini di dimensione economica e orientamento produttivo rispetto alle aziende gestite dagli imprenditori più anziani.

Alcune indicazioni su questi aspetti saranno comunque fornite utilizzando fonti secondarie, come l'analisi contenuta nel «Rapporto tematico sul supporto all'avviamento dei giovani agricoltori» (AA.VV. 2022a) realizzato nell'ambito delle attività di valutazione al programma di sviluppo rurale della Regione Sardegna 2014-2020.

In termini generali, le imprese agricole nel 2020 in Sardegna sono circa 47 mila e coprono il 4,2% del totale nazionale.

La SAU rappresenta il 9,8% del dato nazionale, con una superficie media pari a 26,2 ettari.

Solo 9 capi azienda su 100 hanno un titolo di studio nel settore agricolo.

Il 15,1% dei capi azienda ha una età inferiore ai 40 anni e il 32,2% dei capi azienda totali sono donne.

La forza lavoro è costituita per la maggior parte da manodopera familiare rispetto a quella non familiare. È significativo il fatto che il 21,6% della manodopera non familiare è straniera.

Dal punto di vista dell'orientamento produttivo, il 68,2% delle aziende con SAU è impegnata in colture a seminativi. Tuttavia, la quota prevalente di SAU è attribuita a prati permanenti e pascoli (56,5%). Le colture prevalenti a seminativi sono le foraggere avvicendate (62%), mentre per le legnose agrarie la prima coltivazione è l'olivo (52,9%).

È evidente come l'orientamento produttivo delle aziende sia fortemente condizionato dall'allevamento zootecnico. L'allevamento degli ovini costituisce in Sardegna la colonna portante del settore, coinvolgendo il 53,6% delle aziende.

Le aziende con attività connesse sono pari al 5,1% mentre quelle con agriturismo ammontano all'1,7%. In entrambi i casi il valore regionale è lievemente inferiore a quello nazionale, pari rispettivamente al 5,7% e al 2,2% .

La quota di aziende innovatrici della regione è pari all'11,3%, in linea con il valore nazionale ma nettamente superiore a quella di tutte le altre regioni del Mezzogiorno.

La quota di ricavi provenienti da sussidi relativi ad aiuti pubblici è pari al 46,1%, di poco inferiore alla quota media nazionale che si attesta a 47,7%.

1.5. I giovani nell'agricoltura sarda

A fronte di queste sintetiche informazioni sulle principali caratteristiche dell'agricoltura sarda, i paragrafi successivi forniscono un dettaglio dei tratti differenzianti le aziende agricole gestite dai giovani imprenditori sardi rispetto agli *over* 40 evidenziando anche eventuali differenze rispetto ai valori nazionali già descritti.

1.5.1. Numero di aziende e SAU

Entrando più in dettaglio nelle tabelle fornite dall'ISTAT, il confronto con i dati del 2010 evidenzia anche per la Sardegna un'importante riduzione del numero di aziende agricole. Nel 2010 le aziende erano in tutto 60.812, di cui 3.865 gestite da imprenditori con una età fino ai 39 anni, pari al 6% del totale.

Nel 2020 le aziende complessive sono solo 46.865 (in calo del 23% rispetto al 2010) di cui 7.073 con capi azienda *under* 40. La percentuale di imprese giovanili sul totale delle imprese in Sardegna è pari al 15%, una percentuale decisamente superiore sia rispetto al valore nazionale (9%) sia rispetto alle principali aggregazioni territoriali (11% Isole, 9% Mezzogiorno e 10% Nord).

In sostanza, i giovani imprenditori agricoli occupano una percentuale superiore sul totale dei capi azienda rispetto a dieci anni fa, nonostante il forte calo del numero di aziende agricole che ha riguardato tutte le fasce di età.

La quota di aziende *under* 40, superiore in Sardegna alla media nazionale, non sembra quindi essere solo un dato numerico legato ad una riduzione complessiva del numero delle aziende, soprattutto nelle fasce più anziane, ma testimonierebbe una timida inversione di tendenza rispetto al preoccupante fenomeno della senilizzazione del comparto registrato a livello nazionale. Abbiamo già visto come il tasso di sostituzione (calcolato sulla base del rapporto tra i capi azienda della classe di età ≤ 40 e gli *over* 60) si attesta al preoccupante valore del 16,1% a livello nazionale, insufficiente per garantire un efficace processo di rinnovo generazionale, evidenziando tuttavia significative differenze a livello territoriale: dal valore minimo della Puglia (11%) al valore massimo della provincia autonoma di Bolzano (37,1%), con la Sardegna unica regione nel Mezzogiorno a registrare un tasso di sostituzione superiore al 30%.

La superficie media aziendale utilizzata è di 41,6 ettari, rispetto ai 22 ettari delle aziende guidate da «non giovani» e una media di tutte le aziende agricole di 25 ettari. Di conseguenza, complessivamente, i giovani fino a 40 anni detengono il 25% della SAU totale regionale. Solo la Valle d'Aosta, con il 28,8%, registra un valore superiore.

Quindi, anche dal punto di vista della SAU, la regione Sardegna mostra una sua peculiarità registrando valori di superficie media aziendale *under*, *over* 40 e totale decisamente maggiori rispetto alle stesse medie calcolate a livello nazionale, pari rispettivamente a 18,2; 9,8 e 10,6 ettari.

A fronte di queste particolarità, i dati dell'ultimo Censimento dell'agricoltura sono particolarmente utili proprio per indagare i principali tratti delle aziende *under* 40 e valutare l'esistenza di possibili determinanti in grado di favorire il loro insediamento. Nei prossimi paragrafi verranno quindi indagate le principali differenze tra aziende sarde *under* e *over* 40 anche rispetto ai corrispondenti valori nazionali, impiegando le principali informazioni fornite dall'ultimo censimento ISTAT.

1.5.2. Titolo di possesso dei terreni

Dal punto di vista del titolo di possesso dei terreni, la Sardegna è in linea con il panorama nazionale, confermando il larghissimo ricorso dei giovani all'affitto dei terreni. Il 67% della SAU nelle aziende *under* 40 è in affitto (61% il valore nazionale), percentuale che scende al 40% per gli *over* 40.

Per contro, nelle aziende condotte da giovani, la quota di SAU di proprietà si riduce al 20%, valore più basso rispetto al 27,4% nazionale, mentre nelle aziende con agricoltori più anziani raggiunge il 44%, decisamente più basso rispetto al 52,4% nazionale.

Queste informazioni sembrerebbero confermare anche in Sardegna un problema di accesso alla terra e la preferenza nei confronti di forme di possesso che riducano l'indebitamento aziendale, come l'acquisto, a vantaggio di forme di possesso più flessibili come l'affitto.

1.5.3. Aziende con attività connesse

Sono solo 507 le aziende con titolari *under* 40 con almeno un'attività connessa fra cui, tra le più importanti: agricoltura sociale, fattorie didattiche, agriturismo, produzione di energia rinnovabile. Si tratta di un numero esiguo in assoluto, anche rispetto al totale delle imprese giovani e, peggio ancora, rispetto al totale delle imprese regionali.

In termini percentuali, infatti, solo il 7% delle aziende con capi azienda giovani svolge almeno un'attività remunerativa connessa con quella agricola. A livello nazionale tale rapporto è dell'11,6%. In Sardegna, i giovani diversificano soprattutto con l'agriturismo, la trasformazione delle produzioni aziendali e la produzione di energia rinnovabile.

La stessa percentuale scende al 5% se si considerano le aziende degli *over* 40, in linea con il valore nazionale.

I dati mostrano una scarsa diversificazione delle aziende agricole sarde, evidenziando in questo senso un notevole divario rispetto ad alcune macro-aree geografiche del Paese. Le percentuali maggiori si registrano al Nord, dove oltre il 20% dei giovani dichiara almeno una attività connessa (oltre il 10% per le imprese *over* 40). Per contro, nel Mezzogiorno solo il 5,7% dei giovani agricoltori (ma anche solo il 2,3% degli *over* 40) dichiara di svolgere attività connesse.

I divari territoriali sono ancora più evidenti se si esaminano i dati regionali. La Sardegna è lontana dai valori registrati dalla maggior parte delle regioni del Centro-Nord, la cui quota di aziende agricole con attività connesse è ampiamente sopra la media nazionale, pari all'11%, con un valore massimo del 30,3% registrato per la provincia autonoma di Bolzano. Per contro, la Sardegna, da questo punto di vista si allinea ai valori delle regioni del Mezzogiorno, caratterizzati da percentuali che si attestano sempre su cifre inferiori al 10%.

Da questi dati risulta quindi evidente che i giovani agricoltori sardi non hanno ancora convintamente abbracciato il concetto di agricoltura multifunzionale, associando alla primaria funzione di produzione di alimenti altrettanto importanti fonti di reddito come l'agriturismo, la trasformazione e la vendita diretta, la produzione di energia elettrica ed altre attività connesse, ritardando l'adozione di quel modello di agricoltura multifunzionale che, soprattutto in alcune aree geografiche del Paese, sta progressivamente rimodellando il settore primario italiano, come evidenziato negli studi di HENKE (2004) e HENKE, POVELLATO (2012).

1.5.4. Aziende per titolo di studio

Anche in Sardegna, come in tutto il territorio nazionale, i giovani agricoltori hanno livelli di formazione o di professionalizzazione indiscutibilmente migliori rispetto ai non giovani.

Nel 2020, il 51% dei capi azienda giovani ha frequentato almeno un corso di formazione mentre la medesima quota, per gli *over* 40, si ferma al 36% che è comunque estremamente maggiore rispetto alla stessa quota calcolata a livello nazionale pari al 27,2%.

Ancora, le percentuali di diplomati e laureati sono significativamente più alte tra gli imprenditori con età inferiore ai 41 anni rispetto alle altre classi di età.

Infatti, il 42% dei capi azienda giovani ha un diploma di scuola superiore e il 14% ha una laurea; queste percentuali si riducono per gli *over* 40 (18% di diplomati e 7% di laureati). I valori appaiono lontani dalle Regioni con il maggior tasso di capi azienda giovani laureati, come l'Umbria (26,5%), la Toscana (25,9%), le Marche (22,6%) e la Lombardia (22,2%). La Sardegna si colloca poco sopra i fanalini di coda di questa speciale classifica, che sono la Valle d'Aosta (10,5%) e la provincia autonoma di Bolzano (10,7%).

In termini generali bisogna comunque evidenziare come i valori di scolarizzazione per i capi azienda sardi siano, quindi, sensibilmente inferiori rispetto ai valori nazionali per entrambe le categorie: *under* e *over* 40.

A livello nazionale, infatti, limitatamente agli *under* 40, il 49,7% dei capi azienda giovani ha un diploma di scuola superiore e il 19,4% ha una laurea.

Un aspetto interessante è rappresentato dal fatto che anche in Sardegna le lauree di tipo agrario e veterinario non sono tra i titoli di studio predominanti, ma sono in crescita lauree e diplomi universitari di differente indirizzo. In altre parole, la formazione specialistica non è determinante negli attuali percorsi di ricambio generazionale in agricoltura, aspetto che dovrebbe essere tenuto in debita considerazione nell'elaborazione degli strumenti di sostegno al ricambio generazionale.

Per contro, non può certo essere trascurato il fatto che il 37% dei capi azienda *under* 40 è in possesso di licenza media (sono il 21% a livello nazionale).

La situazione in questo senso appare drammatica, considerando gli *over* 40. Oltre il 70% dei conduttori non va oltre la sola licenza media e il 23% è in possesso della sola licenza elementare. Anche in questo caso i valori regionali evidenziano un maggiore ritardo rispetto alle stesse percentuali nazionali, dove il 63% degli imprenditori *over* 40 possiede almeno la licenza media.

1.5.5. Aziende per destinazione della produzione finale e commercializzazione

La quota di aziende giovani che commercializzano è superiore al 77% contro il 53% delle aziende non giovani. Entrambe le percentuali sono superiori ai rispettivi valori calcolati a livello nazionale, mostrando un inaspettato orientamento al mercato delle imprese agricole isolane.

Tra i canali commerciali, le giovani imprese sarde sembrano prediligere le imprese industriali sul libero mercato in msura decisamente maggiore rispetto a quanto avviene a livello nazionale (24% contro il 12% del valore nazionale). Ancora (questa volta in linea con i valori nazionali) i giovani sono particolarmente attratti dalla vendita diretta in azienda e fuori azienda, o verso organismi associativi. Quest'ultimo canale commerciale sembra essere una diretta conseguenza della propensione degli agricoltori giovani verso l'associazionismo nelle sue diverse forme di aggregazione.

Alla maggiore propensione alla commercializzazione dei giovani capo azienda, corrisponde una minor quota di autoconsumo dei prodotti aziendali.

Se infatti la quota di aziende che hanno consumato prodotti aziendali è simile per gli *under* e gli *over* 40 (rispettivamente 73% e 74%), si registrano sensibili differenze nel momento in cui si esaminano nel dettaglio le quote di autoconsumo.

Solo l'11% delle aziende giovani dichiara di consumare tutta la produzione finale, contro il 30% delle imprese *over* 40.

1.5.6. Aziende per soggetto da cui si è rilevata la conduzione dell'azienda

L'analisi delle aziende distinte per soggetto da cui si è rilevata la conduzione dell'azienda è di notevole importanza, soprattutto se associata ad un tempo di osservazione lungo, così da poter distinguere e pesare due tipologie di imprenditori: coloro che subentrano in un'azienda preesistente nell'ambito di una successione familiare e quelli che ne avviano una nuova. L'individuazione delle due tipologie di imprenditori e le relative informazioni associate alla loro evoluzione quantitativa permetterebbe di raccogliere indicazioni importantissime, in termini di interventi a supporto dell'insediamento e di modalità di erogazione del sostegno: evidentemente diversi in funzione della tipologia di imprenditore (MILONE P. e PIRAS F. 2020).

Nel caso delle aziende gestite da *over* 40, tre quarti dei rispondenti ha dichiarato di aver ereditato l'azienda da un familiare (68% delle risposte in linea con il valore nazionale) o da un parente (8%), mentre più basse sono la percentuale di quelli che hanno acquistato l'azienda da terzi (6%) o l'hanno creata da zero (21% contro un 18% a livello nazionale).

Nel caso degli *under* 40, il 58% dei rispondenti ha dichiarato di aver ereditato l'azienda da un familiare o l'8% da un parente. Aumenta al 28% l'incidenza delle *start-up*.

Queste informazioni, insieme alla maggiore diffusione dei terreni agricoli in affitto, in particolare per i giovani, suggeriscono che negli anni più recenti, accanto alla consolidata pratica di successione familiare, anche in Sardegna si sta consolidando una forma di ricambio generazionale rappresentato appunto da nuovi imprenditori con una provenienza spesso extra agricola e con esigenze e fabbisogni diversi rispetto agli ancor largamente diffusi subentri nelle aziende familiari.

1.5.7. Aziende per tipologia di associazionismo

Le aziende gestite da giovani sono caratterizzate da una maggior propensione a cooperare con altre aziende.

In Sardegna il 41% delle aziende condotte da *under* 40 risulta associata, contro il 34% delle aziende *over* 40.

La forma di associazionismo più diffusa sembra essere la collaborazione con altre aziende o organizzazioni similari, seguita a grande distanza dall'adesione ad una organizzazione di produttori. Ancora scarsa è l'adesione alle reti di imprese. Circa le forme di associazionismo non esiste una sensibile differenza tra gli imprenditori *under* e *over* 40, a dimostrazione che la scelta di una forma di associazionismo rispetto ad un'altra non risponde a criteri anagrafici.

In termini generali, i dati ISTAT confermano la minore propensione all'associazionismo delle imprese sarde rispetto ai valori nazionali.

Nel dettaglio, a livello nazionale il 46,8% delle aziende condotte da giovani (rispetto al 40,1% delle aziende non giovani) è affiliato a un'associazione, valori che per entrambe le categorie sono superiori rispetto a quanto registrato per la Sardegna. Il 21,5% fa parte di un'organizzazione di produttori e il 2,2% (in confronto allo 0,7% degli agricoltori *over* 40) è coinvolto in una rete d'impresa.

1.5.8. Aziende che adottano metodi di coltivazione biologici

L'incidenza delle aziende biologiche sul totale delle aziende è circa due volte e mezza superiore per le aziende giovani rispetto a quelle non giovani.

Tra le aziende agricole condotte da *under* 40, l'8% ha dichiarato di adottare metodi di coltivazione biologici, contro il solo 4% all'interno della categoria *over* 40.

Analoghe conclusioni si registrano se si analizzano le aziende zootecniche. Il 5% delle aziende zootecniche condotte da giovani adotta metodi di allevamento biologico contro il solo 2% degli allevamenti gestiti da imprenditori *over* 40.

Questa maggiore adesione al regime biologico da parte dei giovani agricoltori rispetto agli agricoltori *over* 40 è particolarmente significativa: non solo perché in linea con gli obiettivi ambientali della politica agricola comunitaria, che dedica al biologico una misura di intervento e cospicue risorse finanziarie, ma anche perché i metodi di produzione più sostenibili, come il biologico, impongono l'adozione di pratiche agricole nuove o comunque diverse rispetto a quelle adottate da chi ha sempre praticato l'agricoltura convenzionale. In altre parole, il rinnovo generazionale assume, in questo senso, una valenza più ampia, rappresentando un cambiamento di pratica agricola e non una semplice riduzione dell'età media dei conduttori (KORTHALS ALTES 2023).

1.5.9. Aziende innovatrici e informatizzate

Le aziende agricole giovanili risultano anche più innovative e informatizzate rispetto a quelle non giovani, come era facilmente prevedibile in considerazione della più alta scolarizzazione e della maggiore specializzazione degli *under* 40 rispetto agli *over* 40.

Relativamente all'innovazione, tra le aziende *under* 40 il 21% ha dichiarato di aver realizzato almeno un investimento innovativo nel triennio 2018-20, contro il solo 10% degli imprenditori *over* 40. Tali valori sono in linea con quelli registrati a livello nazionale.

Entrando nel dettaglio della tipologia di innovazione a livello nazionale la quota di aziende giovanili è più che doppia rispetto alle non giovani in tutte le voci e, in alcuni casi, è addirittura quattro volte superiore, come per le innovazioni connesse a vendita e *marketing*. La Sardegna non mostra, per contro, alcuna differenza tra giovani e non giovani con riferimento alla tipologia di innovazione, se non per le sole lavorazioni del suolo e la struttura degli edifici.

La forte attenzione dei giovani nei confronti dell'innovazione non deve costituire una sorpresa. Precedenti indagini a livello nazionale avevano già dimostrato come il 51% degli *under* 40 considera l'applicazione dell'innovazione un elemento fondamentale per lo sviluppo delle proprie imprese e del settore in generale, contro il 48% degli *over* 40. Bassissima è la percentuale di agricoltori che considera l'innovazione come un fattore ininfluente nella gestione aziendale: per entrambe le classi di età, la percentuale si attesta allo 0,8% a conferma del fatto che gli imprenditori agricoli di qualunque età siano coscienti dell'importanza dell'innovazione nelle proprie attività imprenditoriali (AA.VV. 2021a)

Prendendo in considerazione il livello di informatizzazione, la differenza tra aziende *under* e *over* 40 si fa più sensibile. Il 36% delle aziende giovani è informatizzata contro solo il 16% delle aziende *over* 40. Anche in questo caso i valori sono in linea con i valori nazionali. Circa le attività informatizzate, i giovani sembrano aver puntato maggiormente ad una gestione digitalizzata degli allevamenti (37% delle imprese giovani contro solo il 28% delle imprese gestite da imprenditori anziani). Per entrambe le classi di età, l'attività maggiormente informatizzata resta comunque la contabilità aziendale.

1.5.10. Aziende per ordinamento produttivo

I dati rilasciati dall'ISTAT, sebbene consentano di approfondire per la prima volta aspetti importantissimi delle imprese agricole dei giovani rispetto a quelle degli *over* 40, purtroppo non restituiscono nessun elemento circa possibili differenze in tema di orientamento produttivo e dimensione economica. Tuttavia, il ricorso ad altre fonti permette comunque di avere un'idea sul tipo di utilizzo dei terreni agricoli da parte dei giovani imprenditori sardi.

A livello nazionale, i giovani imprenditori italiani sembrano essere maggiormente presenti in settori produttivi ad alto valore aggiunto, che richiedono anche una forte impegno di tempo, lavoro e capitale, prediligendo le coltivazioni legnose agrarie e la coltivazione di ortaggi rispetto ai seminativi e ai prati pascoli (Ascione *et al.* 2014; Zanetti *et al.* 2019).

Secondo i dati del Centro Studi Divulga (AA.VV. 2022a) sugli orientamenti produttivi e colturali delle aziende *under* 35, emerge come la maggioranza dei giovani imprenditori risulti impegnato nella coltivazione di ortaggi: il 13% del totale delle imprese agricole condotte da giovani. Quota altrettanto importante risulta ricoperta dal settore delle coltivazioni agricole associate all'allevamento di animali, con 6,5 mila aziende giovanili registrate (12%). A seguire il settore vitivinicolo, che conta 5,7 mila aziende giovanili (10,5%), quindi le coltivazioni di cereali, legumi e semi oleosi, con 5,2 mila aziende (9,5%).

Con riferimento alla regione Sardegna, secondo i dati forniti dal Servizio di Valutazione al Programma di Sviluppo Rurale della Regione Sardegna 2014/2020 (2022a), le aziende oggetto di insediamento durante il periodo 2007-2013 e 2014-2020 hanno un orientamento tecnico economico simile a quello delle altre aziende regionali, con un terzo rappresentato dagli allevamenti ovicaprini. Rispetto, quindi, alle tendenze nazionali, i giovani imprenditori in Sardegna non sembrano abbracciare in maniera significativa orientamenti produttivi diversi rispetto a quanto fatto dalle altre classi di età.

1.5.11. Sintesi sulle caratteristiche delle aziende dei giovani agricoltori in Sardegna

Dall'analisi dei dati ISTAT emerge che i giovani imprenditori agricoli in Sardegna operano su aziende di dimensioni decisamente maggiori, rispetto alla media nazionale e rispetto alla dimensione media delle aziende condotte da *over* 40. La notevole dimensione aziendale è quindi un tratto caratterizzante l'agricoltura sarda: diretta conseguenza dei principali utilizzi del terreno, destinati prevalentemente a seminativi e prati pascoli.

Ancora, si tratta di imprenditori con un titolo di studio medio-alto rispetto agli agricoltori anziani. Generalmente provengono da famiglie con una qualche attività legata al settore agricolo e gestiscono aziende più professionalizzate, più moderne (digitalizzate e informatizzate) e maggiormente inclini ad associarsi. Inoltre, sono aziende che si dedicano di più ad attività connesse e riservano maggiore attenzione alla fase di commercializzazione dei prodotti (anche attraverso la vendita diretta) e ai sistemi di produzione sostenibili, come il biologico, rispetto a quanto fatto dagli imprenditori più anziani.

Tuttavia, è necessario evidenziare che, sebbene il profilo dei giovani imprenditori agricoli isolani appaia sicuramente migliore rispetto a quello degli agricoltori *over* 40, nel momento in cui il confronto viene fatto con il profilo medio dei giovani imprenditori a livello nazionale, ecco che allora affiorano in superficie alcuni ritardi e limiti delle nuove generazioni di imprenditori agricoli in Sardegna.

Più in dettaglio, in Sardegna appaiono ancora più evidenti le difficoltà nell'accesso al capitale terra, avendo i giovani una quota di terreni di proprietà più bassa rispetto a quella registrata a livello nazionale. Le imprese dei giovani imprenditori sardi appaiono meno multifunzionali e più ancorate alla sola funzione produttiva.

Aspetto sicuramente significativo è il più basso livello di istruzione associato anche ad una minore propensione all'associazionismo. Per contro l'orientamento al mercato, la spinta all'innovazione e all'informatizzazione appaiono in linea con i valori registrati per gli *under* 40 a livello nazionale.

In sintesi, la sola analisi dei dati ISTAT non permette di individuare precise determinanti dei giovani imprenditori agricoli tali da giustificare l'andamento positivo e in controtendenza rispetto al panorama nazionale degli insediamenti dei giovani in agricoltura. È evidente la necessità di indagare maggiormente, con fonti diverse, la recente attrattività che il settore sta esercitando soprattutto nella componente giovanile e le più accentuata difficoltà occupazionale che si riscontra negli altri settori economici, tale da spingere i giovani a trovare nell'agricoltura, secondo una tendenza anticiclica, un ripiego all'assenza di possibilità occupazionali maggiormente remunerative.

2. La Politica Agricola Comunitaria per i giovani dal 2000 al 2022

I dati statistici esaminati nei precedenti capitoli evidenziano una contrazione nel numero delle imprese agricole giovanili nel periodo intercensuario e un perdurante processo di senilizzazione del comparto, dimostrando come gli interventi messi in campo fino ad ora non sembrano essersi dimostrati sufficienti o adeguati per stimolare un effettivo ricambio generazionale e incrementare la presenza di giovani nel comparto agricolo (F. Piras 2022a, b). Anche gli sforzi compiuti nel corso dei diversi cicli di programmazione comunitaria sembra che non abbiano permesso di raggiungere pienamente i risultati desiderati (Carbone A. 2005 e 2008; Zagata, Sutherland 2015; Licciardo *et al.* 2022; Sutherland 2023).

Per far fronte al problema della bassa attrattività per i giovani, fin dalle direttive strutturali del 1972, l'Unione Europea promuove misure di incentivazione che, insieme ad altri interventi di politica nazionale, concorrono a favorire il passaggio di consegne nella conduzione delle aziende e l'insediamento di giovani imprenditori (Cardillo 2002; Corsi *et al.* 2005; Cersosimo 2013).

Tuttavia, nonostante un'ormai consolidata tradizione di interventi pubblici in questo senso, la presenza delle nuove generazioni in agricoltura non appare ancora stimolata in maniera che possa ritenersi efficace ed incisiva.

L'analisi delle esperienze passate in termini di politiche e di strumenti può guidare il disegno di nuove modalità di intervento alla luce di quelle che sono le criticità e le aspettative dei giovani che hanno esperienza diretta di tali strumenti (PIRAS F. *et. al.* 2018).

Sin dagli anni '70 le questioni della senilizzazione del settore primario sono state al centro dell'agenda comunitaria con specifiche direttive indirizzate al sostegno del ricambio generazionale.

In dettaglio, con le decisioni comunitarie 72/159/CEE e 72/160/CEE, è stato creato il regime di prepensionamento rivolto agli agricoltori anziani, al fine di favorire il ricambio generazionale. In queste decisioni c'è stato anche il primo accenno di una politica a favore dei giovani agricoltori. Era, infatti, previsto un aiuto più elevato per l'ammodernamento delle aziende agricole gestite da agricoltori di età inferiore ai 40 anni insediati nell'azienda da non più di cinque anni (LICCIARDO *et al.* 2022).

Bisognerà aspettare però «Agenda 2000», con la conseguente riforma dei fondi strutturali, per poter finalmente vedere delle specifiche misure di intervento a favore dei giovani nell'ambito della politica di sviluppo rurale (RRN 2018a, c). È a partire dalla riforma del 2000, infatti, che la politica agricola comunitaria, attraverso i programmi di sviluppo rurale, abbandona l'approccio settoriale ampliando la visione strategica delle risorse endogene territoriali e introduce una partecipazione integrata a livello locale (LEONARDI e SASSI 2004).

Dal 2000 in poi, quindi, gli interventi a sostegno del ricambio generazionale si inseriscono a pieno titolo nelle più ampie politiche sviluppo rurale (BORTOLOZZO e TARANGIOLI 2005; CORSI *et al.* 2005; CESARONI *et al.* 2011; CERSOSIMO 2012a; SCHIMENTI *et al.* 2014; COMMISSIONE EUROPEA 2019), alla luce della loro capacità di rivitalizzare il settore primario (ASCIONE *et al.* 2014; ASCIONE e ZANET-TI 2018) e, al contempo, perseguire altri obiettivi di sviluppo sostenibile territoriale nell'accezione più ampia.

La principale misura per i giovani agricoltori è il premio di primo insediamento che prevede, appunto, un aiuto *una tantum* per gli agricoltori fino a 40 anni di età che si insediano per la prima volta in una impresa agricola in qualità di capo azienda.

L'evoluzione dello strumento di primo insediamento, registrato negli ultimi 20 anni di programmazione della politica di sviluppo rurale, ha consentito di passare da un premio massimo di 25.000 euro agli attuali 100.000 euro.

Sulla base dei dati raccolti dalla Rete Rurale Nazionale (RRN 2018c), i premi pagati in Italia dal 2000 al 2020 ammontano complessivamente a poco più di 2 miliardi di euro. In termini fisici, dal 2000, il regime di insediamento ha sostenuto l'ingresso nel settore di circa 71.000 nuovi giovani agricoltori.

Accanto al premio di primo insediamento, la politica di sviluppo rurale prevede altri sostegni che, indirettamente, contribuiscono a facilitare l'ingresso dei giovani nel settore primario, attraverso la concessione di un cofinanziamento pubblico più alto nel caso di investimenti aziendali, interventi per la diversificazione dell'attività agricola o impegni di conduzione agricola (impegni agroambientali, indennità compensative), misure di formazione ed informazione, servizi di assistenza tecnica e servizi di sostituzione.

Allo strumento di primo insediamento va aggiunto il pagamento disaccoppiato di sostegno al reddito per i giovani agricoltori del I pilastro della PAC introdotto a partire dal 2014.

Tra gli strumenti messi in campo per il sostegno dei giovani agricoltori, un cenno a parte meriterebbe la misura di prepensionamento dei lavoratori e imprenditori agricoli vicini all'età pensionabile, che è stata attiva almeno fino al 2013.

Questa misura, sempre poco utilizzata in Italia per problematiche attuative legate anche al nostro sistema pensionistico, è stata accantonata dalle proposte regolamentari relative alle Politiche di Sviluppo Rurale 2014-2020

I paragrafi successivi forniscono una completa descrizione degli strumenti che la PAC, nell'ambito del I e del II pilastro, ha impiegato per agevolare l'imprenditoria giovanile in agricoltura. La descrizione segue l'evoluzione temporale avuta dagli stessi strumenti a partire dagli anni 2000, passando per il ciclo di programmazione 2007-2013 per arrivare alla programmazione appena conclusa del 2014-2022.

Un capitolo a parte sarà dedicato alla programmazione attuale, che interessa il quinquennio 2023-2027. L'ultimo capitolo sarà, infine, dedicato alle scelte strategiche in tema di rinnovo generazionale adottate recentemente dalla Regione Sardegna.

2.1. Il primo insediamento negli anni 2000 e nel periodo 2007-2013

La riforma dei Fondi Strutturali del 2000-2006 permette di inserire gli interventi a sostegno del ricambio generazionale nelle più ampie politiche sviluppo rurale. Il Regolamento (CE) n. 1257/99, relativo al sostegno dello sviluppo rurale per il periodo 2000-2006, eredita quella che è stata la politica comunitaria a favore dell'imprenditorialità giovanile in agricoltura dei primi anni '70, prevedendo finalmente una specifica misura di primo insediamento volta a favorire la creazione di nuove aziende agricole gestite da soggetti di età inferiore ai 40 anni.

Tale intervento si configurava come un aiuto di 25.000 euro per sostenere l'iniziativa imprenditoriale dei giovani agricoltori *under* 40 che avviavano per la prima volta un'azienda agricola in qualità di capo azienda e che disponevano di adeguate conoscenze e competenze professionali.

Pur rappresentando un importante segnale di attenzione da parte dell'Unione Europea verso il tema del rinnovo generazionale nella più ampia cornice dello sviluppo rurale, la misura di primo insediamento rivelò immediatamente un'efficacia molto limitata, dimostrandosi spesso insufficiente a coprire i costi di avvio o di investimento necessari per una nuova impresa.

Per questo motivo, il Regolamento (CE) n. 1698/2005 relativo al sostegno dello sviluppo rurale per il periodo 2007-2013, ha apportato una prima revisione allo strumento di aiuto all'insediamento dei giovani (che si chiamerà «Misura 112») pur conservando la caratteristica del premio *una tantum*.

A questo proposito è stato introdotto il «piano aziendale» o *business plan*, da presentare contestualmente alla domanda di aiuto. Il documento costituiva un presupposto per l'accesso al sostegno e, nelle intenzioni del legislatore, costringeva il giovane a pianificare le tappe essenziali per lo sviluppo dell'azienda agricola in un'ottica di sostenibilità economica (TARANGIOLI e TRISORIO 2010). Il *business plan* richiedeva, infatti, una descrizione degli obiettivi di sviluppo dell'azienda agricola e degli interventi necessari per il loro raggiungimento, e avrebbe dovuto permettere ai soggetti istruttori di verificare la sostenibilità economica delle iniziative e premiare le migliori richieste di finanziamento.

Una seconda novità è rappresentata dall'introduzione del cosiddetto «pacchetto di misure». Si tratta di uno strumento che offre ai giovani agricoltori, contestualmente al regime di insediamento, la possibilità di accesso integrato a un insieme di interventi per la realizzazione di investimenti volti a stimolare la competitività, l'innovazione, la sostenibilità ambientale e la diversificazione delle attività agricole.

Nel corso del periodo di programmazione 2007-2013, ben 17 Regioni hanno utilizzato la misura per i giovani agricoltori all'interno di un pacchetto di altre misure, seppure con modalità attuative molto eterogenee.

2.1.1. Avanzamento fisico e finanziario dell'intervento di primo insediamento 112

L'importo delle risorse pubbliche programmate per sostenere l'insediamento dei giovani agricoltori nel settennio 2007-2013 è stato pari a 702,4 milioni di euro con un'incidenza del 10% sull'Asse 1 «Miglioramento della competitività del settore agricolo e forestale» e circa il 4% sul totale delle risorse pubbliche dei Programmi di Sviluppo Rurale (PSR). Si trattava di risorse cospicue, in crescita rispetto ai periodi precedenti ed in linea con la maggiore attenzione che l'Unione Europea inizia a riservare al tema del rinnovo generazionale (ASCIONE *et al.* 2014).

Secondo i dati finanziari a consuntivo, è stato raggiunto quasi completamente il valore *target*, consentendo l'insediamento di 22.225 giovani agricoltori. L'analisi della distribuzione delle risorse finanziarie a livello regionale evidenzia una certa concentrazione (circa il 32%) delle risorse finanziarie nelle quattro regioni dell'obiettivo convergenza: Calabria, Campania, Puglia e Sicilia.

L'analisi di genere conferma il rinnovato interesse da parte delle donne nell'avvio e nella gestione di imprese agricole: poco meno del 40% delle domande accolte, corrispondenti a poco più di 8.500, sono state presentate da giovani donne. in Calabria, Lazio e Sicilia si registrano le percentuali più elevate di domande che vanno dal 49% per Calabria e Lazio al 47% della Sicilia. Tra le Regioni, la Puglia ha finanziato l'inserimento del maggior numero di giovani donne.

Pur avendo rilevato per la «Misura 112» un risultato efficiente in termini di raggiungimento degli indicatori fisici (espressi in numero di premi concessi) e finanziari (spesa realizzata) (ASCIONE e ZANETTI 2018; OTTAVIANI e BUGLIONE, 2013), permangono incertezze sull'efficacia dell'intervento, intesa come capacità di ottenere risultati effettivamente positivi e di riuscire a garantire la sostenibilità dell'impresa condotta dai nuovi agricoltori nel periodo medio-lungo (PULINA P. 2018).

2.2. Il primo insediamento negli anni 2014-2020

Nonostante le perplessità evidenziatesi nel ciclo 2007-2013, la misura di primo insediamento dei giovani è stata riconfermata anche nella programmazione 2014-2020, con un aiuto specifico previsto all'art. 19 del Regolamento (UE) n.1305/2013 che promuove e sostiene il ricambio generazionale e l'inserimento dei giovani in agricoltura. L'intervento di primo insediamento, identificato ora dalla sigla 6.1, costituisce una delle sei sottomisure tese nel loro insieme a promuovere lo sviluppo delle aziende e delle imprese agricole. Dal punto di vista finanziario, il peso della sottomisura 6.1 è decisamente preponderante rispetto alla dotazione attribuita alle altre sottomisure, alcune delle quali non sono state attivate nell'ambito di tutti i PSR regionali. A livello nazionale, infatti, solo gli interventi 6.1, 6.2 e 6.4 sono stati attivati (PIRAS F. e SALVATI G. 2017).

La sottomisura 6.1, anche per il periodo 2014-2020, prevede la concessione di un premio volto a coprire i costi di avvio delle aziende agricole condotte da giovani agricoltori che presentano un piano aziendale la cui attuazione inizi entro 9 mesi dalla data della decisione con cui si concede l'aiuto e si conformino entro 18 mesi dalla data di insediamento alla definizione di agricoltore attivo, come previsto all'art. 9 dello stesso Regolamento.

Per «giovane agricoltore» il Regolamento intende «una persona di età non superiore a quaranta anni al momento della presentazione della domanda, che possiede adeguate qualifiche e competenze professionali e che si insedia per la prima volta in un'azienda agricola in qualità di capo dell'azienda»[1].

---

1) La definizione di «giovane agricoltore» e le relative condizioni sono contenute all'art. 2, paragrafo 1, lettera n), del Regolamento (UE) n. 1305/2013.

Tutte le condizioni contenute nella definizione richiamata di «giovane agricoltore» devono essere possedute al momento della domanda di finanziamento. Tuttavia, un periodo di grazia non superiore a 36 mesi dalla data della singola decisione di concedere il sostegno può essere assegnato al beneficiario al fine di metterlo in grado di soddisfare le condizioni relative all'acquisizione delle competenze professionali precisate nel programma di sviluppo rurale.

Diverse sono le novità rispetto alla versione della misura di primo insediamento del periodo 2007-2013.

Rispetto alla «Misura 112», infatti, il premio concesso dalla sottomisura 6.1 per finanziare l'insediamento del giovane veniva alzato da un massimale pari a 55.000 euro ad un importo pari a 70.000 euro.

Viene riproposta l'esperienza del pacchetto giovani, per offrire al nuovo agricoltore l'opportunità di avvalersi dell'integrazione combinata di più misure. In realtà, viene ora introdotto un vero e proprio sottoprogramma tematico nazionale dedicato ai giovani agricoltori. Dal punto di vista attuativo, il sottoprogramma prevede un incremento del tasso di agevolazione e la possibilità di attivare una serie di misure ritenute di interesse ai fini del ricambio generazionale, lasciando aperta la possibilità di introdurne ulteriori altre. Ad ogni buon conto va comunque evidenziato che, a livello nazionale, il sottoprogramma giovani, unitamente ad altri sottoprogrammi come quello riferito alle donne, non ha trovato applicazione concreta. Tuttavia, come detto, è stata comunque mantenuta la possibilità di beneficiare del pacchetto giovani in linea con le raccomandazioni della CORTE DEI CONTI EUROPEA (2017), che ha riconosciuto nel pacchetto una valida misura di sostegno capace di raddoppiare l'efficacia degli interventi impiegati, come le misure di investimento. In media, gli agricoltori che si sono insediati aderendo al pacchetto giovani sono risultati più produttivi e con una maggiore capacità di innovazione (ASCIONE e ZANETTI 2018).

Il piano aziendale o *business plan* non rappresenta una novità, essendo già stato introdotto nel precedente periodo di programmazione. Anche in questo caso vengono definiti i contenuti minimi[2] che includono una descrizione della situazione di partenza dell'azienda agricola, le tappe essenziali e gli obiettivi per lo sviluppo dell'attività e un dettaglio delle azioni, incluse quelle inerenti alla sostenibilità ambientale e all'efficienza delle risorse occorrenti per lo sviluppo delle attività dell'azienda agricola, quali investimenti, formazione, consulenza o qualsiasi altra attività necessaria al conseguimento degli obiettivi.

Purtroppo, anche nel ciclo di programmazione 2014-2020, la misura di intervento a vantaggio dei giovani ha fatto emergere una serie di limiti legati in prima battuta alle eterogenee modalità di applicazione tra le diverse Regioni. In dettaglio, il premio di insediamento innalzato a 70.000 non è stato quasi mai raggiunto. Solamente il Lazio e la Basilicata hanno previsto questa soglia massima. Tutte le altre Regioni si sono attestate su valori inferiori. Inoltre, ogni Regione – ad eccezione del Lazio – ha previsto diverse modalità attuative, spesso prevedendo un premio base e delle addizionali legate alla localizzazione aziendale in aree più o meno svantaggiate e alle caratteristiche aziendali. Alcune Regioni hanno aumentato il premio nelle aree montane o con vincoli naturali, diminuendolo altrove. Ancora, le tipologie di aziende ed i limiti minimi e massimi di ammissibilità in termini di produzione standard sono risultati diversi, anche se con differenze minime, tra tutte le Regioni. Inoltre, vi è stata una prima interpretazione difforme, chiarita successivamente dalla stessa Commissione Europea, relativa all'età ammissibile dei beneficiari. Nella fase iniziale molte Regioni avevano legato il premio d'insediamento al compimento dei 40 anni come limite massimo di accesso

---

2) Così come previsto all'art. 5 del Regolamento (UE) n. 807/2014.

al beneficio. Successivamente, anche su richiesta dello Stato italiano, tale limite è stato spostato a 41, considerando, quindi, come giovane agricoltore colui che non ha superato i quaranta anni di età. Tale elemento ha comportato diversi problemi nelle Regioni che avevano avviato celermente l'attuazione della misura legandola al compimento del quarantesimo anno di età.

Nel caso di insediamenti multipli o in società, alcune Regioni hanno previsto di concedere un premio per ogni giovane insediato a capo azienda, anche se l'azienda era la medesima, in altre si è concesso, per contro, un solo premio per azienda.

Tutte le Regioni hanno previsto il piano aziendale, ma ci sono state interpretazioni diverse rispetto al termine di completamento, che per molte Regioni è di 36 mesi, ma in diverse altre tale termine è stato aumentato a 42, 48 e 60 mesi, mentre l'erogazione del premio avviene dietro verifica dello stato di avanzamento del piano in almeno due rate, nell'arco di un periodo massimo di cinque anni.

Infine, quasi tutte le Regioni hanno dato la possibilità ai giovani di accedere a più misure, riproponendo il concetto di pacchetto giovani già visto durante il ciclo di programmazione 2007-2013. Tuttavia, anche questa possibilità è stata attuata in maniera molto diversificata. In alcune Regioni si è utilizzato lo strumento del bando unico multi-misura, in altre i bandi sono rimasti distinti e hanno previsto priorità o punteggi premianti nei criteri di selezione per le domande relative a più misure. Nelle Regioni che hanno adottato il pacchetto di misure, alcune hanno previsto l'adesione obbligatoria a tutte le misure proposte, altre facoltativa.

I criteri di selezione sono stati specifici per ogni Regione, e anche se alcuni di essi risultavano simili, diversa è risultata la modalità di utilizzo rispetto al punteggio ed al peso dato al criterio. Tuttavia, va rilevato che tale condizione è basata proprio sulle diversità territoriali e socioeconomiche che dovrebbero sempre guidare le fasi attuative dei programmi.

In sintesi, le modalità eterogenee di attuazione della misura di primo insediamento hanno creato diversi problemi tra le Regioni, incidendo negativamente sui risultati attesi e innescando disparità di condizioni tra i potenziali beneficiari nei diversi territori (MILONE G., PIRAS F. 2020).

Alcune delle storture elencate nei paragrafi precedenti son state superate con l'entrata in vigore del cosiddetto «Regolamento Omnibus»[3] che chiarisce e in alcuni casi modifica alcuni aspetti dell'insediamento dei giovani agricoltori contenuti nel Regolamento (UE) n. 1305/2013.

In dettaglio, è stata ammessa la possibilità per i giovani agricoltori di insediarsi a capo dell'azienda anche congiuntamente con altri agricoltori, indipendentemente dalla forma giuridica scelta. Inoltre, il sostegno può essere concesso sia in forma di contributo che di strumento finanziario. Sono stati anche meglio precisati alcuni aspetti importanti la cui interpretazione era stata in passato fonte di una serie di complicazioni. È definitivamente considerato «giovane agricoltore» chi ha fino a quarant'anni compiuti e s'insedia per la prima volta come capo azienda. Il concetto di insediamento viene svincolato da atti formali, come l'apertura della partita IVA, ma riportato ad azioni concrete legate allo stesso processo di insediamento. Inoltre, è stata ribadita la necessità da parte del giovane di presentare un piano aziendale la cui durata è, però, fissata univocamente in 5 anni. Infine, in molte Regioni è stata subito recepita la possibilità di presentare la domanda di sostegno per il primo insediamento al più tardi 24 mesi dopo la data di insediamento (PIRAS 2017).

---

3) Il Regolamento OMNIBUS UE 2392/2017 modifica il paragrafo 4 dell'art. 19 del Regolamento UE 1305/2013 riferito alle modalità di presentazione della domanda ed al piano aziendale.

2.2.1. Avanzamento fisico e finanziario dell'intervento di primo insediamento 6.1

Le risorse programmate per l'intervento di primo insediamento nel periodo 2014-2020 si sommano a quelle destinate alla misura 6 nel complesso, pari a 1.453.879.190 euro in termini di spesa pubblica programmata. Tali risorse permettono l'insediamento di quasi 20.300 giovani.

Il biennio 2021-2022 ha potuto fruire di risorse aggiuntive per favorire il ricambio generazionale in agricoltura. I ritardi nella chiusura del negoziato della PAC per il post 2020, infatti, hanno determinato una proroga della normativa relativa alla programmazione 2014-2020, dotando le Regioni e le Province autonome di ulteriori risorse previste dal quadro finanziario pluriennale successivo.

Questo periodo di transizione ha aggiunto nuove risorse al relativo fondo FEASR, assegnando quasi 3 miliardi di euro nel complesso. Di queste risorse, circa 87 milioni (che raddoppiano considerando la quota di cofinanziamento nazionale) sono stati programmati dalle Regioni e Province autonome per finanziare l'insediamento dei giovani agricoltori. Inoltre, lo strumento europeo per la ripresa post-pandemia ha messo a disposizione delle misure dello sviluppo rurale dell'Italia poco oltre 910 milioni di euro che, per essere spesi, non necessitano di cofinanziamento. Di questi, quasi 172 milioni di euro sono stati destinati dalle Regioni e Province autonome al primo insediamento (ISMEA 2022).

Le risorse aggiuntive sono fondamentali per coprire le tante domande di aiuto da parte dei giovani imprenditori. Una stima del CENTRO STUDI DIVULGA (2021) evidenzia come solo circa metà delle richieste presentate alle Regioni è stata accolta, traducendosi in un insediamento. Ovviamente molte di queste domande vengono bocciate in fase di istruttoria per mancanza dei requisiti o per la scarsa qualità del piano aziendale, ma molte, pur essendo giudicate positivamente, non vengono finanziate per carenza di risorse.

Al 31 Marzo 2021, il 49% della spesa programmata per la misura 6 era stato effettivamente speso. La velocità di spesa è però estremamente variabile da Regione a Regione.

La sottomisura 6.1 è lo strumento di maggior peso all'interno della misura 6. I dati cumulati delle Relazioni Annuali di Avanzamento (RAA) al 31 Dicembre 2020 registravano un avanzamento finanziario pari a 456.360.960 euro e un numero di beneficiari corrispondente a 12.643, ancora lontano rispetto al *target* espresso dall'indicatore T5[4], pari a 20 mila beneficiari (PIRAS F., NUCERA M. 2022).

Lo stato di attuazione della misura a livello nazionale può ritenersi nel complesso soddisfacente. Si tratta di una misura attivata da tutte le Regioni. Nessuna RAA evidenzia criticità particolari in termini di avanzamento fisico o finanziario.

---

4) L'indicatore Target 5 è definito come la percentuale di aziende agricole condotte da giovani agricoltori che riceve un aiuto per l'avviamento di attività imprenditoriali di giovani agricoltori sul totale di aziende agricole censite a livello regionale.

2.3. Il sostegno accoppiato nell'ambito del I pilastro

Il periodo di programmazione 2014-2020 non si caratterizza solo per le modifiche apportate all'intervento di primo insediamento descritte nel precedente paragrafo. Una importante novità è rappresentata dall'introduzione, nell'ambito del I pilastro della PAC, del pagamento complementare al reddito per i giovani agricoltori. Tale sostegno accoppiato è un pagamento aggiuntivo, introdotto a partire dal 2014, versato annualmente ai giovani di età inferiore ai 41 anni che ne facciano richiesta e che si insediano o si sono insediati per la prima volta come capi azienda.

Il pagamento ha la finalità di fornire un sostegno aggiuntivo al reddito in fase di avviamento, per un periodo massimo di cinque anni.

Questo sostegno, sotto forma di un importo annuale disaccoppiato per ettaro ammissibile, fino ad un massimo di 90 ettari, si somma al premio base garantito al giovane neo-insediato previo accesso prioritario alla riserva nazionale.

La maggiorazione del premio si giustifica con l'esigenza di accrescere in particolare il reddito delle aziende dei giovani agricoltori nei primi anni di attività, per contrastare l'instabilità dei redditi in agricoltura e il *gap* rispetto ai redditi medi di altri settori extra-agricoli.

L'introduzione di un pagamento *ad hoc* nel I pilastro per i giovani agricoltori evidenzia certamente una rinnovata attenzione dell'Unione Europea al rinnovo generazionale del settore primario nel continente, e non può che essere considerata positivamente.

Tuttavia le risorse messe a disposizione, anche se sono più che abbondanti per soddisfare le possibili richieste in termini di massimale, date le modalità di calcolo e di distribuzione appaiono del tutto insufficienti ad aiutare in modo significativo un giovane agricoltore che si insedi per la prima volta come imprenditore. Difficilmente questa modestissima integrazione al reddito può rivelarsi in grado di determinare scelte diverse rispetto a quelle pianificate dal potenziale imprenditore, o modificare significativamente la redditività della sua attività agricola (SOTTE *et al.* 2005; CARBONE *et al.* 2005; CORSI 2009).

Per di più, il meccanismo proposto (lo «spacchettamento» e l'aiuto supplementare per i giovani neo-insediati) contribuisce non poco a ingenerare una maggiore complessità nei pagamenti diretti e nel calcolo dell'aiuto, col rischio che ciò possa tradursi in un maggiore onere amministrativo piuttosto che in un aiuto (CANALI, G. e ILIR GJIKA 2012).

Diverse critiche sono state sollevate anche con riferimento alle modalità di calcolo del sostegno.

L'importo del pagamento è ottenuto moltiplicando il numero dei titoli attivati dall'agricoltore per il 50% del valore medio dei titoli all'aiuto detenuti dal medesimo. In altre parole, il giovane agricoltore percepisce un pagamento maggiorato del 50% rispetto al pagamento di base, quindi proporzionale al valore dei titoli individuali.

È evidente che il pagamento cosi calcolato, oltre a non essere legato ai reali fabbisogni finanziari del giovane, dipende in gran parte dal valore dei titoli e quindi fortemente variabile da caso a caso. Come vedremo nei capitoli successivi, le modalità di calcolo del pagamento complementare al reddito dei giovani agricoltori cambierà con la programmazione 2023-2027.

3. I limiti delle politiche di sostegno ai giovani imprenditori agricoli

La Corte dei Conti Europea nel 2017 ha pubblicato i risultati di un *audit*[1] finalizzato a comprendere il ruolo degli strumenti europei nel favorire il ricambio generazionale e l'ingresso dei giovani in agricoltura.

La necessità di approfondimento è emersa in considerazione della tendenza alla riduzione del numero dei giovani agricoltori in Europa, nonostante i cospicui aiuti concessi in maniera mirata a partire dal 2000.

Secondo la Corte, nel periodo 2007-2020 l'UE ha stanziato, infatti, 9,6 miliardi di euro per aiuti specifici ai giovani agricoltori, allo scopo di promuovere la competitività delle aziende ed il ricambio generazionale in agricoltura. Se si aggiunge il cofinanziamento, da parte degli Stati membri, delle misure di insediamento previste dal II pilastro, il sostegno pubblico ammonta in totale a 18,3 miliardi di euro. Tali ri-

---

1) Nella relazione speciale n.10 del 2017: «Rendere più mirato il sostegno dell'UE ai giovani agricoltori per promuovere efficacemente il ricambio generazionale», la Corte dei Conti Europea illustra i risultati dell'*audit* effettuato su quattro Paesi europei caratterizzati dal valore più alto di aiuti concessi ai giovani agricoltori e cioè Francia, Spagna, Polonia e Italia.

sorse aumentano ancora se si considera il nuovo strumento previsto nel I pilastro della PAC nel periodo 2014-2020: il sostegno al reddito per i giovani agricoltori.

Nonostante un ammontare così elevato di risorse, la Corte dei Conti arriva alla conclusione che «il sostegno dell'UE ai giovani agricoltori si basa su una logica di intervento definita in maniera inadeguata, che non specifica i risultati e gli impatti attesi. Per promuovere efficacemente il ricambio generazionale dovrebbe essere più mirato». Analoghe conclusioni sono state raggiunte dalla COMMISSIONE EUROPEA (2021), che considera l'impatto della PAC sul ricambio generazionale per lo più positivo ma limitato, soprattutto nelle regioni prive di infrastrutture e servizi di base. La PAC da sola non è sufficiente per affrontare le principali barriere all'ingresso in agricoltura, come l'accesso alla terra e l'accesso al capitale.

Con riferimento ai diversi strumenti, la Corte distingue tra i pagamenti effettuati nel I e quelli del II pilastro.

Nel primo caso, il giudizio è sicuramente negativo, mettendo in evidenza una molteplicità di problematiche. Il sostegno al reddito non è basato su un'attenta valutazione delle esigenze e il suo obiettivo non ha rispecchiato il fine generale di incoraggiare il ricambio generazionale, non essendoci alcun coordinamento tra il pagamento del I pilastro con la misura di insediamento del II pilastro, né con le misure nazionali dedicate al rinnovo generazionale.

Inoltre – continua la Corte – in assenza di una valutazione delle esigenze l'aiuto viene erogato in forma standardizzata come un pagamento annuale per ettaro, con un importo ed una tempistica da cui non risulta chiaramente a quali esigenze specifiche si intenda rispondere, se non quella di fornire un reddito supplementare.

Infine, il quadro comune di monitoraggio e di valutazione non ha offerto indicatori utili per valutarne l'efficacia, dal momento che non esistono indicatori di risultato per questo pagamento e non vengono raccolti dati sul reddito e sulla redditività delle aziende sovvenzionate.

Con riferimento ai pagamenti del II pilastro la Corte ha espresso un giudizio altrettanto severo ma non completamente negativo, come invece per i pagamenti del I pilastro. Infatti, sebbene basata su una valutazione vaga delle esigenze, la misura del primo insediamento ha perseguito obiettivi parzialmente specifici, misurabili, realizzabili, pertinenti e corredati di un termine e ha chiaramente risposto all'obiettivo generale di incoraggiare il ricambio generazionale.

A differenza di quanto avvenuto con il sostegno al reddito per i giovani agricoltori, il sostegno all'insediamento del II pilastro è stato in qualche modo coordinato con la misura di investimento del II pilastro.

L'aiuto è stato erogato in forma di premio come somma forfettaria subordinata alla realizzazione di un piano aziendale e ha tentato di rispondere alle esigenze dei giovani agricoltori in materia di accesso alla terra, al capitale e alla conoscenza.

L'importo dell'aiuto è stato generalmente collegato alle esigenze e modulato per promuovere azioni specifiche come, per esempio, l'introduzione dell'agricoltura biologica o l'adozione di iniziative per il risparmio idrico o energetico.

L'aiuto è stato diretto agli agricoltori più qualificati, che si sono impegnati ad attuare un piano aziendale teso a guidarli nello sviluppo di aziende redditizie, spesso incoraggiati, tramite il processo di selezione dei progetti, ad insediarsi in zone svantaggiate. Tuttavia la stessa Corte riconosce che la qualità dei piani aziendali non è stata omogenea e in alcuni casi le autorità di gestione non hanno applicato procedure di selezione per concedere la priorità ai migliori progetti. Un aspetto fortemente criticato è stato il fatto che in alcuni Stati membri il bilancio settennale destinato alla misura è stato esaurito per finanziare quasi tutte le domande presentate all'inizio del periodo di programmazione, privando così della possibilità di ricevere finanziamenti i giovani agricoltori che si sono insediati successivamente.

Infine, gli indicatori specifici per i giovani definiti nel sistema comune di monitoraggio non hanno talvolta permesso un'analisi qualitativa del ricambio generazionale, rispetto agli elementi che hanno favorito il ricambio o anche la redditività delle aziende beneficiarie.

In termini generali, quindi, a conclusione dell'analisi dei due principali strumenti, la Corte ha posto in evidenza come, nonostante l'enorme ammontare di risorse finanziarie destinate al nuovo insediamento dei giovani messe in campo nell'ambito della Politica Agricola Comune, I e II pilastro, la percentuale di giovani imprenditori con meno di 40 anni sia diminuita, evidenziando la scarsa efficacia del sostegno che non è stato in grado di superare efficacemente gli ostacoli che impediscono un vero rinnovo generazionale. La Corte chiude la sua importante relazione raccomandando alla Commissione e agli Stati membri di migliorare la logica di intervento, rafforzando la valutazione delle esigenze, rendendo più mirate le misure, più efficienti i sistemi per la selezione dei progetti, utilizzando i piani aziendali come criterio di selezione e attingendo alle migliori pratiche elaborate dagli Stati membri nei propri sistemi di monitoraggio e nelle relazioni di valutazione.

A queste conclusioni si aggiungono le risultanze dell'analisi della Commissione circa l'impatto della PAC sul rinnovo generazionale (2021) secondo le quali il sostegno allargato allo sviluppo rurale, oltre ad altre politiche dell'UE come i fondi regionali e di coesione, che promuovono la diversificazione economica rurale e perseguono il miglioramento dei servizi e delle infrastrutture (compresa la banda larga), è fondamentale per migliorare il clima economico più ampio, in particolare nelle zone rurali. L'attuazione e l'impatto delle misure di ricambio generazionale della PAC potrebbero essere migliorati se gli Stati membri sviluppassero approcci integrati, utilizzando in modo coerente più strumenti, PAC e non PAC, e le disposizioni legislative nazionali, soprattutto fiscali.

Come evidenziato da LICCIARDO e DE VIVO (2017), un approccio territoriale che si traduca in un'adeguata dotazione quali-quantitativa di risorse sanitarie, socio-assistenziali, culturali, ricreative, ambientali, di infrastrutture di connessione, incide direttamente sulla qualità della vita di un dato territorio. La scarsa consistenza di questi servizi nelle aree rurali, luoghi di insediamento privilegiati per le attività agricole, impedisce ai giovani di diventare imprenditori in aree ancora poco servite in termini di infrastrutture e servizi (SROKA *et al.* 2019).

La letteratura in merito alle principali barriere di accesso all'insediamento da parte dei giovani agricoltori è ampia ed articolata (tra gli altri, ECORYS 2015; ZAGATA *et al.* 2015; COMMISSIONE EUROPEA, 2015; CORTE DEI CONTI EUROPEA 2017, KEIKO YAMAGUCHI *et al.* 2020). Le questioni su cui si pone l'accento sono molto conosciute e dibattute in Europa e sono le stesse che hanno guidato la costruzione dello strumento di sostegno ai giovani insediati. Tali analisi sono fondamentali per meglio affinare gli strumenti di intervento, renderli ancora più rispondenti alle reali esigenze dei territori e migliorarne l'efficacia.

Il sostegno fornito dalle misure di ricambio generazionale aiuta i nuovi agricoltori con le spese generali conseguenti alla costituzione della loro azienda agricola e agli investimenti dei primi anni. Tuttavia, di per sé, l'insieme delle misure PAC non è sufficiente per affrontare le principali barriere all'ingresso nell'agricoltura, come l'accesso alla terra e quello ai capitali finanziari (COMMISSIONE EUROPEA 2021). È stato infatti osservato (MANTINO *et al.* 2019; ZANETTI *et al.* 2019; COMMISSIONE EUROPEA 2019) che gli interventi attuati consentono al giovane agricoltore di avviare l'impresa ma difficilmente la sola politica agricola, e in particolare quella di sviluppo rurale, è in grado di accompagnare il giovane verso lo sviluppo di un valido e sostenibile percorso imprenditoriale. A questo proposito, alcune analisi sulla natalità-mortalità delle giovani imprese evidenziano il fenomeno dell'abbandono aziendale pochi anni dopo il loro insediamento (ASCIONE *et al.* 2014).

Un documento della RRN (ZANETTI, PIRAS e LONGHITANO 2019) mostra come tra i principali ostacoli all'insediamento indicati dai giovani vi siano l'accesso al credito, seguito dall'accesso al fattore produttivo terra e, da ultimo, l'accesso alla consulenza e alla formazione.

La difficoltà di accesso al credito risulta un punto di debolezza ricorrente che ha determinato l'individuazione di specifici fabbisogni da soddisfare per migliorare il livello di efficacia degli investimenti supportati dai PSR. Nella fascia *under* 40, l'accesso al credito risulta essere il problema principale per il 57% dei giovani agricoltori in Italia, rispetto al 33% dei giovani agricoltori nell'UE-28. Le domande di prestito da parte dei giovani agricoltori sono respinte principalmente per l'elevato rischio associato alle nuove attività, la mancanza di un sufficiente *asset* patrimoniale da fornire come garanzia collaterale o anche per l'inadeguatezza dei piani aziendali (CORTE DEI CONTI EUROPEA 2017).

Più recentemente è stato osservato, ad esempio, che le aziende agricole gestite da giovani hanno un tasso di rigetto più elevato rispetto agli agricoltori più adulti (FI-COMPASS 2019). Le richieste di prestito da parte di giovani agricoltori vengono respinte principalmente a causa dell'alto rischio associato alle nuove attività.

Secondo un'indagine riportata dalla CORTE DEI CONTI EUROPEA (2017), circa il 35% dei giovani agricoltori italiani ha segnalato problemi nell'acquisizione di terreni.

La terra è generalmente un fattore di disponibilità limitata, e questo è chiaro per le *start-up*. I prezzi elevati dei terreni (per l'acquisto o la locazione), nonché la riluttanza degli agricoltori più anziani a ritirarsi dall'attività, rappresentano un deterrente alla creazione di nuove aziende agricole guidate da giovani (BRUN *et al.* 2014; ROSSIER 2010). Come evidenziato nel dossier del COORDINAMENTO EUROPEO VIA CAMPESINA (in AA.VV. 2021) in alcuni Paesi i regimi pensionistici inadeguati spingono gli agricoltori più anziani, con pensioni troppo basse, a rimanere nel settore per utilizzare gli aiuti per il sostegno al reddito come integrazione alla pensione. Un sistema pensionistico inadeguato contribuirebbe dunque a rendere difficoltoso il ricambio generazionale. L'Italia è certamente uno di questi Paesi, nonostante disponga di una legge (Legge n. 154/2016) che introduce strumenti di facilitazione nel passaggio di consegne in ambito agricolo. La legge di bilancio 2018 (Legge 205/2017, pubblicata in G.U. il 29 Dicembre 2017) ha dettagliato il testo, disciplinando le forme di affiancamento che permettono il passaggio di aziende da agricoltori *over* 65 o pensionati ai giovani (non proprietari di terreni agricoli) di età compresa fra 18 e 40 anni, anche in forma associata (GIORGI S., PIRAS F. 2017). Il fatto poi che la PAC 2014-2020 non includa più il sostegno al prepensionamento che era invece incluso nella PAC precedente (2007-2013) ha sicuramente depotenziato la gamma di strumenti a favore del ricambio generazionale.

Sull'accesso al fattore terra, il CREA, nella sua indagine sul mercato fondiario (AA.VV. 2022b), evidenzia come in Italia i terreni agricoli costino mediamente il doppio che in Germania e il triplo rispetto alla Francia. Secondo le indagini sul mercato fondiario, nel nostro Paese un ettaro di terreno si paga mediamente 22.600 euro, seppur con evidenti differenze tra il Nord Est (47.000 euro) e il Nord Ovest (35.000 euro) e il resto d'Italia (inferiore a 15.000 euro).

Secondo i dati EUROSTAT (2020)[2], tra gli Stati membri dell'UE, i Paesi Bassi son quelli che hanno registrato nel 2020

---

2) *https://ec.europa.eu/eurostat/web/products-eurostat-news/-/ddn-20211130-2*

il prezzo di acquisto più alto per un ettaro di terreno coltivabile (in media 69.632 euro). L'Italia è il terzo Paese europeo per costo medio dell'ettaro di terreno agricolo, con un valore superiore ai 30.000 euro.

I terreni coltivabili più economici sono invece in Croazia, con un costo ad ettaro che mediamente è stimato pari a poco più di 3.440 euro (nel 2020).

Su queste basi è complesso costruire il ricambio generazionale, tenendo conto che l'Italia è l'unico Paese europeo in cui i salari sono diminuiti rispetto al 1990[3] (stime OPENPOLIS al 2021 AA.VV. 2023b) e il reddito agricolo nel 2020 è calato tre volte di più rispetto alla media europea (AA.VV. su dati OPENPOLIS 2023b).

In tema di formazione e conoscenza, sebbene il livello dei giovani imprenditori agricoli sia in tal senso aumentato nel tempo, l'accesso alle conoscenze e alla consulenza è ancora insufficiente.

La Commissione Europea, nella sua valutazione dell'impatto della PAC sul rinnovo generazionale (2021), mostra i vantaggi del poter disporre di una formazione e di un accesso alla consulenza più qualificati come condizione per accedere alle sovvenzioni in conto capitale, agli aiuti all'avviamento o anche al solo pagamento diretto per i giovani agricoltori.

Secondo uno studio condotto da ECORYS (2015), circa il 20% dei giovani agricoltori europei segnala problemi di accesso alla conoscenza. VENTURA (2013) ha rilevato che i giovani necessitano di un adeguato livello di formazione tecnica ed economica, comprese conoscenze specialistiche riferite alle nuove tecnologie dell'informazione, nonché un'adeguata consapevolezza della qualità dei prodotti, dei risultati della ricerca e della sostenibilità.

---

3) *https://www.openpolis.it/numeri/litalia-e-lunico-paese-europeo-in-cui-i-salari-sono-diminuiti-rispetto-al-1990/*

Inoltre, sebbene i giovani agricoltori tendano ad avere livelli di istruzione migliori rispetto alla popolazione agricola in generale, vi è una forte consapevolezza della necessità di un'informazione e di una formazione continua basate sull'interazione non solo con il «sistema istituzionale della conoscenza» (enti di ricerca e trasferimento tecnologico), ma anche con altri «esperti» sul campo, siano essi appartenenti all'assistenza tecnica o rappresentati da altri imprenditori (Zanetti B., Piras F. e Longhitano 2019).

Unitamente all'esame delle tre principali barriere di accesso finora esaminate, il Comitato Economico e Sociale Europeo, nel 2019, con una sua relazione informativa sul ricambio generazionale, forniva una prospettiva più ampia delle misure a favore dei giovani, previste rispettivamente nel I e nel II pilastro della PAC, mettendo al contempo in evidenza altri fattori limitanti l'accesso dei giovani ed analizzando una serie di aspetti relativi al modo in cui le zone rurali possono essere rese più attraenti.

La relazione suggerisce il già richiamato sforzo di coerenza con altre politiche ed azioni dell'UE, considerato che gli Stati membri hanno competenze specifiche in ambiti che incidono sul ricambio generazionale in agricoltura come, tra gli altri, il regime fiscale, il diritto successorio o la pianificazione territoriale. In molti Stati membri il quadro giuridico nazionale in materia di cessione di azienda agricola è risultato inadeguato, rendendo tali cessioni più difficili.

Inoltre, viene richiamata la necessità di valutare l'impatto di altri fattori pertinenti, come il reddito agricolo, che ostacolano il ricambio generazionale nel settore.

Un altro aspetto da non trascurare è certamente quello della sostenibilità economica dell'attività agricola. In tutti gli Stati membri – e l'Italia non fa eccezione – la remuneratività dell'azienda appare come una delle sfide principali da affrontare per attrarre i giovani verso l'agricoltura, riducendo le distanze tra i livelli ancora bassi del reddito agricolo e le opportunità offerte in altri settori presenti nelle medesime zone prevalentemente rurali.

Infine, non può che essere richiamata l'attenzione sulla complessità e sugli oneri burocratici connessi con la PAC, in particolare per quanto riguarda la condizionalità e le domande di ammissione alle misure previste per le aziende agricole.

Il capitolo successivo è dedicato alla descrizione della PAC 2023-2027 e dei suoi interventi per il rinnovo generazionale. Le novità sono molteplici e molte di queste cercano, almeno nelle intenzioni del legislatore, di superare i limiti e gli aspetti critici descritti fino ad ora, cercando di migliorare l'efficacia degli strumenti mirati all'accesso dei giovani in agricoltura.

4. La Politica Agricola Comunitaria per i giovani nel 2023-2027

4.1. La PAC 2023-2027. Un quadro generale

Il 14 Dicembre 2022 si è conclusa la fase di approvazione, da parte della Commissione Europea, dei 28 piani strategici (uno per ciascun Paese UE e due per il Belgio) della nuova PAC, in vista del suo avvio per il 1° Gennaio 2023. Ci sono voluti ben 42 mesi dalla pubblicazione delle proposte legislative della Commissione (nel Giugno 2018) alla definitiva adozione dei testi legislativi concordati, nel Dicembre 2021.

Il processo è stato più lungo del previsto a causa di numerosi fattori: le elezioni del Parlamento Europeo del Maggio 2019, l'entrata in carica di una nuova Commissione nel Dicembre 2019 e i ritardi nell'accordo del Quadro Finanziario Pluriennale 2021-2027 (AA.VV. 2023a).

Inoltre, l'annuncio del Green Deal e i suoi controversi obiettivi agroalimentari nelle strategie «Dal produttore al consumatore» («Farm to Fork») e per la biodiversità hanno introdotto un ulteriore livello di complessità nei negoziati.

Il ritardo nell'approvazione della nuova PAC ha reso necessario istituire un periodo transitorio di due anni che ha prorogato l'applicazione delle vecchie regole fino al 31 Dicembre 2022. Il Regolamento n. 2020/2220 del 23 Dicembre

2020 stabilisce alcune disposizioni transitorie relative al sostegno da parte del Fondo Europeo Agricolo per lo Sviluppo Rurale (FEASR) e del Fondo Europeo Agricolo di Garanzia (FEAGA) negli anni 2021 e 2022, traghettando la PAC dalla vecchia programmazione al nuovo ciclo 2023-2027.

Il pacchetto legislativo della riforma si compone di tre atti legislativi di base.

• Il Regolamento orizzontale[1] introduce una serie di modifiche volte ad adeguare le procedure finanziarie e di controllo al nuovo modello di attuazione, il cosiddetto «New Delivery Model», e a semplificare la *governance* della PAC.

• Il secondo Regolamento è dedicato all'«organizzazione comune di mercato»[2] introducendo alcune modifiche ma senza alterare le principali componenti politiche.

• Il terzo Regolamento[3] ha avuto come fulcro i piani strategici e include le principali novità e i maggiori riferimenti al rinnovo generazionale (PIRAS F. 2021).

---

1) Regolamento (UE) 2021/2116 del Parlamento Europeo e del Consiglio del 2 Dicembre 2021, riferito al finanziamento, sulla gestione e sul monitoraggio della PAC e che abroga il Regolamento (UE) n. 1306/2013.

2) Regolamento (UE) 2021/2117 del Parlamento Europeo e del Consiglio del 2 Dicembre 2021, che modifica il vecchio Regolamento (UE) n. 1308/2013, recante organizzazione comune dei mercati dei prodotti agricoli, e i Regolamenti europei sui regimi di qualità dei prodotti agricoli e alimentari, sulla definizione, la designazione, la presentazione, l'etichettatura e la protezione delle indicazioni geografiche dei prodotti vitivinicoli aromatizzati ed, infine, quello recante misure specifiche nel settore dell'agricoltura a favore delle regioni ultra periferiche dell'Unione.

3) Regolamento (UE) 2021/2115 del Parlamento Europeo e del Consiglio del 2 Dicembre 2021: norme sul sostegno ai piani strategici che gli Stati membri devono redigere nell'ambito della PAC (PSP: piani strategici della PAC) e finanziati dal FEAGA e dal FEASR. Tale Regolamento, inoltre, abroga anche i vecchi Regolamenti della PAC 2014-2020 Regolamenti (UE) n. 1305/2013 e (UE) n. 1307/2013.

Il nuovo pacchetto normativo ha, quindi, istituito il «New Delivery Model»: un nuovo modello di attuazione con cui gli Stati membri dovranno valutare i risultati e le *performance*, tramite il proprio Piano Strategico per la PAC (PSP) redatto a livello nazionale e recante le disposizioni per gli interventi previsti in entrambi i pilastri finanziati dal Fondo Europeo Agricolo di Garanzia (FEAGA) e dal Fondo Europeo Agricolo per lo Sviluppo Rurale (FEASR) nel periodo dal 1° Gennaio 2023 al 31 Dicembre 2027.

Nella futura PAC del periodo 2023-2027, ai giovani viene dedicato un obiettivo specifico, il settimo, che consiste nell'attirare e sostenere i giovani agricoltori ed i nuovi agricoltori, facilitando lo sviluppo imprenditoriale sostenibile nelle zone rurali. L'ambito di intervento di questo obiettivo è più ampio rispetto al solo rinnovamento generazionale, poiché coinvolge anche l'inedita figura dei «nuovi agricoltori» e promuove un più ampio sviluppo imprenditoriale nelle zone rurali grazie ad un approccio spiccatamente territoriale e non soltanto settoriale.

Questo approccio sistemico, come chiave per garantire uno sviluppo sostenibile delle aree rurali e quindi la permanenza dei giovani, è un tratto che viene ripreso all'interno della comunicazione della Commissione Europea dal titolo: «Una visione a lungo termine per le zone rurali dell'UE - Verso zone rurali più forti, connesse, resilienti e prospere entro il 2040» (COMMISSIONE EUROPEA 2021).

Il PSP consente di mettere in atto una strategia unitaria, avvalendosi dei diversi strumenti a disposizione della PAC del I (FEAGA) e del II pilastro (FEASR): pagamenti diretti, organizzazioni comuni di mercato (OCM), sviluppo rurale. La strategia contempla anche strumenti diversi dalla PAC, ossia quelli previsti dal PNRR, oltre a quelli delle politiche nazionali, facendo sì che questi si integrino e completino tra di loro concorrendo all'obiettivo di supportare l'avvio e lo sviluppo delle imprese agricole giovanili e di rivitalizzare le aree rurali.

L'Italia ha presentato alla Commissione una prima proposta del proprio PSP 2023-2027 il 15 Novembre 2022.

La Commissione ha avanzato una serie di osservazioni e richiesto informazioni supplementari.

L'Italia ha quindi revisionato la bozza iniziale, rispondendo ai rilievi della Commissione, e ha presentato una versione definitiva del proprio piano strategico.

Il 2 Dicembre 2022, la Commissione ha adottato una decisione di esecuzione con la quale attesta la conformità del PSP rivisto dall'Italia ai fini del sostegno dell'Unione, finanziato dal FEAGA e dal FEASR.

Il PSP ha successivamente subito un'ulteriore modifica. La versione attualmente in vigore, sulla quale si basano le considerazioni che seguono, è quella del 23 Ottobre 2023.

L'Italia, con l'approvazione ufficiale del PSP, ha a disposizione quasi 37 miliardi di euro in 5 anni (oltre 28 miliardi di risorse UE e circa 8,5 miliardi di cofinanziamento nazionale).

La spesa pubblica complessiva verrà distribuita tra i pagamenti diretti e gli interventi settoriali, a carico del FEAGA, e gli interventi dello sviluppo rurale a carico del FEASR.

Più nel dettaglio, analizzando i pagamenti diretti, il PSP dell'Italia stabilisce di applicare le cinque seguenti tipologie di pagamenti diretti previsti dal Regolamento (UE) 2021/2115 e disciplinati dal Decreto del Ministero dell'Agricoltura, della Sovranità Alimentare e delle Foreste (MASAF) n. 660087 del 23 Dicembre 2022:

1) il sostegno di base al reddito per la sostenibilità;

2) i regimi per il clima, l'ambiente e il benessere degli animali (eco-schemi);

3) il sostegno ridistributivo complementare al reddito per la sostenibilità;

4) il sostegno complementare al reddito per i giovani agricoltori;

5) il sostegno accoppiato al reddito.

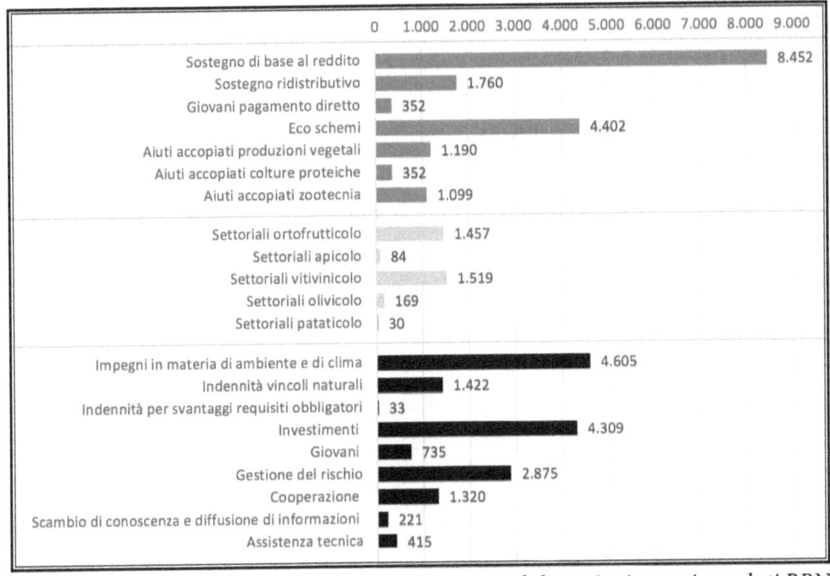

Fonte: rielaborazioni proprie su dati RRN

A differenza di quanto stabilito nella precedente PAC (periodo 2014-2020), non viene confermato il pagamento per i piccoli agricoltori, di cui all'art. 28 del Regolamento (UE) n. 2021/2115.

L'ammontare di risorse destinato ai pagamenti diretti è notevolmente superiore rispetto alle altre categorie di spesa (pagamenti settoriali e sviluppo rurale). Questo nonostante alcune scelte nazionali abbiano comportato un drenaggio di risorse dai pagamenti diretti verso altre categorie di spesa.

In particolare, si è deciso il trasferimento di 30 milioni di euro per interventi nel settore delle patate nel quinquennio (pari dunque a 6 milioni di euro l'anno), a cui si aggiunge lo spostamento di 505,14 milioni dal I al II pilastro per l'insediamento dei giovani e per interventi in materia di ambiente e di clima (pari a 126,28 milioni di euro l'anno).

Infine, occorre precisare che il 3% dei pagamenti diretti erogati a ciascun agricoltore per ciascun anno verrà automaticamente destinato, come quota individuale privata, al «Fondo mutualizzazione eventi catastrofali», per finanziare una prima rete di sicurezza a favore di tutta la platea dei beneficiari dei pagamenti diretti.

Uno degli aspetti maggiormente innovativi, però, è legato al fatto che l'implementazione di un unico PSP per ciascuno Stato membro ha reso necessaria, in particolare per il capitolo relativo allo sviluppo rurale, una lunga fase di concertazione fra Regioni e Province autonome, Enti vigilati, Rete Rurale Nazionale e Ministero dell'Agricoltura, della Sovranità Alimentare e delle Foreste, al fine di includere negli interventi previsti risposte commisurate alle diverse esigenze territoriali.

In termini di *governance* del programma, il MASAF rappresenta, per questa programmazione, l'autorità di gestione del PSP e coordinerà le Regioni che, come Autorità di gestione regionali, avranno l'onere di programmare e attuare gli interventi di Sviluppo Rurale.

Tale approccio trasforma il PSP 2023-2027 in una importante sfida per l'intervento pubblico europeo in agricoltura, in quanto, per la prima volta, si sintetizzano in un unico documento di programmazione tutti gli interventi previsti dalla PAC, I e II pilastro. I nuovi scenari derivanti dal conflitto russo-ucraino, le sfide climatiche e sociali, gli strascichi ancora presenti del periodo pandemico e la necessità di raggiungere gli obiettivi indicati dal Green Deal europeo e dalla strategia «Farm to Fork» hanno ampliato e articolato la missione affidata alla PAC.

Gli interventi settoriali raccolgono e fanno sintesi degli strumenti messi in campo, prima della programmazione attuale, in alcuni tra i più strategici settori produttivi italiani, tra cui il vino e l'olio. Nonostante l'importanza di questi interventi per i settori coinvolti, l'assenza di specifici riferimenti ai giovani imprenditori ci permette di poter focalizzare maggiormente la nostra attenzione alla terza categoria di spesa del PSP: lo Sviluppo Rurale.

Sulla base di quanto indicato nell'art. 69 del Regolamento (UE) 2021/2115, lo Sviluppo Rurale prevede otto aree o macro categorie di interventi:

1) impegni in materia di ambiente e di clima ed altri impegni in materia di gestione;

2) vincoli naturali o altri vincoli territoriali specifici;

3) svantaggi territoriali specifici derivanti da determinati requisiti obbligatori;

4) investimenti, compresi gli investimenti nell'irrigazione;

5) insediamento dei giovani agricoltori e l'avvio di imprese rurali, compreso l'insediamento di nuovi agricoltori;

6) strumenti per la gestione del rischio;

7) cooperazione;

8) scambio di conoscenze e diffusione dell'informazione.

In totale, gli interventi previsti all'interno delle otto macro categorie sono ben 73 per una spesa pubblica pari a circa 16 miliardi di euro (quota FEASR e cofinanziamento nazionale).

Un'area di intervento indicata con la sigla SRE è, quindi, espressamente rivolta a favorire il ricambio generazionale nel mondo agricolo, ma anche ad inserire nuova imprenditorialità non strettamente connessa al settore primario.

Sono quattro gli strumenti messi a disposizione dal Regolamento all'interno di questa macro categoria.

TABELLA N. 2: ELENCO DEGLI INTERVENTI NELLA CATEGORIA GIOVANI SRE.

INTERVENTO		OUTPUT	VALORE	UdM
SRE01	Insediamento giovani agricoltori	0.25	14,355.91	Beneficiari
SRE02	Insediamento nuovi agricoltori	0.26	1,337.00	Beneficiari
SRE03	Avvio nuove imprese silvicoltura	0.27	104.00	Beneficiari
SRE04	*Start-up* non agricole	0.26	264.00	Beneficiari

Fonte: rielaborazioni proprie su dati RRN

Tra i 4 interventi previsti nella categoria SRE, il primo intervento, indicato con la sigla SRE01, è quello maggiormente strategico per ridurre l'età media del tessuto imprenditoriale agricolo. Si tratta del già noto intervento di primo insediamento, relativo ai giovani agricoltori, ossia di età inferiore a quarantuno anni compiuti che si insediano per la prima volta in un'azienda agricola in qualità di capo azienda. Come nella precedente programmazione, l'aiuto (pari adesso ad un massimo di 100.000 euro per insediamento) viene erogato in forma forfettaria a fondo perduto a fronte della presentazione di un piano aziendale per lo sviluppo dell'attività agricola. Inoltre, l'intervento potrà essere implementato in maniera autonoma o combinato con altri interventi attraverso la modalità pacchetto (pacchetto giovani) definita dalle singole Regioni. Tale misura è solo una delle numerose componenti di una articolata politica europea per favorire il ricambio generazionale in agricoltura. La misura di

TABELLA N. 3: SPESA PUBBLICA IN MILIONI DI EURO PER REGIONE PER INTERVENTI SRE.

Regione	spesa pubblica per Regione SRE	% su risorse complessive
Valle D'Aosta	1,00	1,09
Piemonte	43,00	5,68
Liguria	17,39	8,4
Lombardia	36,79	4,41
P.A. Bolzano	18,00	6,62
P.A. Trento	12,09	6,07
Veneto	70,60	8,56
Friuli Venezia Giulia	12,00	5,27
Emilia Romagna	61,80	6,77
Toscana	44,50	5,94
Umbria	13,00	2,51
Marche	13,80	3,53
Lazio	62,90	10,44
Abruzzo	26,00	7,34
Molise	8,00	5,07
Campania	26,76	2,33
Puglia	50,00	4,22
Basilicata	37,00	8,17
Calabria	40,00	5,12
Sicilia	100,00	6,78
Sardegna	40,00	4,88
Italia	**734,63**	**4,61**

Fonte: rielaborazioni proprie su dati RRN

primo insediamento è stata attivata da tutte le Regioni, ciascuna con le proprie peculiarità, in linea con le specificità territoriali e strategiche in termini di criteri di sorveglianza, condizioni di ammissibilità, obblighi, impegni e dotazione finanziaria. Il secondo intervento è dedicato al soste-

TABELLA N. 4: SPESA PUBBLICA IN MILIONI DI EURO PER REGIONE PER L'INTERVENTO SRE1: PRIMO INSEDIAMENTO GIOVANI AGRICOLTORI.

Regione	spesa pubblica per Regione SRE01	% su risorse complessive
Valle D'Aosta	0,80	0,87
Piemonte	43,00	5,68
Liguria	8,07	3,9
Lombardia	35,00	4,19
P.A. Bolzano	18,00	6,62
P.A. Trento	12,09	6,07
Veneto	70,00	8,49
Friuli Venezia Giulia	12,00	5,27
Emilia Romagna	60,00	6,57
Toscana	40,00	5,34
Umbria	13,00	2,51
Marche	13,50	3,45
Lazio	62,90	10,44
Abruzzo	26,00	7,34
Molise	8,00	5,07
Campania	24,50	2,13
Puglia	50,00	4,22
Basilicata	24,00	5,3
Calabria	40,00	5,12
Sicilia	80,00	5,43
Sardegna	40,00	4,88
Italia	**680,86**	**4,27**

Fonte: rielaborazioni proprie su dati RRN

gno all'insediamento di nuovi agricoltori (SRE02) come definiti nel PSP, con l'obiettivo di attrarre nuovi imprenditori da settori diversi da quello agricolo. Anche in questo caso, l'intervento potrà essere implementato in maniera autonoma o combinato con altri interventi. Tale misura, al momento, è stata attivato solo da 5 Regioni, con un peso percentuale sulla spesa pubblica nazionale abbastanza irrisorio (0,25%). La terza tipologia è dedicata alla silvicoltura e

TABELLA N. 5: SPESA PUBBLICA IN MILIONI DI EURO PER REGIONE PER L'INTERVENTO SRE2: PRIMO INSEDIAMENTO NUOVI AGRICOLTORI.

Regione	spesa pubblica per Regione SRE02	%su risorse complessive
Liguria	5,80	2,80
Toscana	2,00	0,27
Campania	2,26	0,2
Basilicata	9,50	2,1
Sicilia	20,00	1,36
Italia	39,56	0,25

Fonte: rielaborazioni proprie su dati RRN

prevede un sostegno per l'avvio di nuove imprese che svolgono attività di coltura boschiva, utilizzazioni forestali, gestione, difesa e tutela del territorio e sistemazioni idraulico-forestali, nonché di prima trasformazione e commercializzazione dei prodotti legnosi e non legnosi. L'intervento SRE03 è stato attivato da sole 7 Regioni e la sua dotazione complessiva, in termini percentuali sul totale delle risorse pubbliche, è del tutto trascurabile.

L'ultimo intervento, SRE04, riguarda il sostegno all'avvio di *start-up* extra agricole nelle zone rurali, connesse alle strategie di sviluppo locale di tipo partecipativo di cui all'art. 32 del Regolamento (UE) 2021/1060. La finalità è rivitaliz-

TABELLA N. 6: SPESA PUBBLICA IN MILIONI DI EURO PER REGIONE PER L'INTERVENTO SRE3: AVVIO NUOVE IMPRESE SILVICOLTURA.

Regione	spesa pubblica per Regione SRE03	% su risorse complessive
Valle D'Aosta	0.20	0.22
Liguria	1.66	0.80
Veneto	0.60	0.07
Emilia Romagna	1.80	0.20
Toscana	2.00	0.27
Marche	0.30	0.08
Basilicata	3.50	0.77
Italia	10.06	0.06

Fonte: rielaborazioni proprie su dati RRN

TABELLA N. 7: SPESA PUBBLICA IN MILIONI DI EURO PER REGIONE PER L'INTERVENTO SRE4 *START-UP* NON AGRICOLE.

Regione	spesa pubblica per Regione giovani	% su risorse complessive
Liguria	1.86	0.90
Lombardia	1.79	0.21
Toscana	0.50	0.07
Italia	4.15	0.03

Fonte: rielaborazioni proprie su dati RRN

zare le economie rurali, contrastare lo spopolamento, contribuire allo sviluppo occupazionale, implementare strategie partecipative e sostenere il ruolo della microimprenditoria e della piccola impresa, rafforzando e diversificando il sistema economico locale.

Le numerosissime differenziazioni regionali in cui si articolano i diversi interventi dello Sviluppo Rurale se, da un lato, migliorano l'aderenza delle politiche alle specificità territoriali, dall'altro rendono difficile scorgere una comune visione complessiva. Questa frammentazione, unita alle novità apportate dall'intera architettura della PAC 2023-2027, fanno sì che rendere concretamente operativa l'intera impalcatura del PSP rappresenti una sfida di non poco conto. (AA.VV. 2023a).

4.2. Il ricambio generazionale nella PAC 2023-2027

Il ricambio generazionale in agricoltura ha da sempre rappresentato una delle maggiori sfide per l'agricoltura europea ed in particolare per quella italiana. Eppure, nonostante gli sforzi compiuti nel corso delle diverse programmazioni per incentivare l'ingresso delle nuove generazioni nel settore primario, è ancora limitata la presenza di capi azienda tra le fasce d'età più giovani.

Tali conclusioni sono contenute nelle raccomandazioni della Commissione per il Piano Strategico della PAC[4] e nella relazione di valutazione della PAC 2014-2020[5]. In entrambi i documenti comunitari si riconosce come la PAC abbia facilitato il ricambio generazionale supportando la sostenibilità economica dei posti di lavoro, restando tuttavia insufficiente, da sola, a rimuovere i principali ostacoli che si frappongono all'avvio di un'attività agricola: vale a dire l'accesso alla terra e al capitale così come il miglioramento delle condizioni di lavoro e di vita delle zone rurali.

A fronte di quanto detto, per il periodo 2023-2027, il ricambio generazionale continua ad essere considerato una priorità dal Piano Strategico per la PAC dell'Italia che definisce, a questo proposito, la strategia per sostenere ed attrarre i giovani in agricoltura attraverso un insieme coerente di interventi per rispondere alle esigenze individuate nell'ambito dell'obiettivo specifico 7, dedicato a tale questione (PIRAS F. 2022 a, b).

Il percorso che ha portato alla definizione della strategia per invertire il fenomeno della senilizzazione del comparto

---

4) Per un approfondimento si rimanda all'indirizzo *https://www.rete-rurale.it/PAC_2023_27/PianoStrategicoNazionale*

5) «Relazione della Commissione al Parlamento Europeo e al Consiglio sull'attuazione del quadro comune di monitoraggio e valutazione, compresa una valutazione delle prestazioni della politica agricola comune nel periodo 2014-2020»; Bruxelles, 17 Dicembre 2021.

agricolo è stato lungo e articolato. Le prime fasi del percorso sono rappresentate dalla elaborazione di un documento di contesto, il Policy Brief 7, e la conseguente Analisi SWOT.

Il Policy Brief 7: «Attirare i giovani agricoltori e facilitare lo sviluppo imprenditoriale nelle aree rurali»[6], fornisce una sintetica ma dettagliata analisi di contesto quanti-qualitativa sui giovani imprenditori agricoli, mettendo a disposizione dei decisori politici dati statistici sul grave processo di senilizzazione dell'agricoltura italiana ed una serie di indicazioni su quelli che sono considerati gli aspetti più critici per l'accesso dei giovani nel settore agricolo: credito, capitale fondiario e formazione (ZANETTI, PIRAS; LONGHITANO, 2019).

L'analisi di contesto, sintetizzata nel Policy Brief 7, ha permesso di arrivare a definire una serie di debolezze come elementi di una più ampia e completa analisi SWOT[7].

Le risultanze di questa prima fase del percorso di redazione del PSP (Policy Brief e Analisi SWOT), unitamente alle Raccomandazioni della Commissione all'Italia che richiedono di incoraggiare un maggior numero di giovani a trasferirsi in agricoltura e in altre attività nelle zone rurali, hanno portato alla formulazione di un'unica articolata esigenza (definita «esigenza 3.1») in riferimento all'obiettivo specifico 7 e strettamente connessa alle debolezze di cui sopra: «Promuovere l'imprenditorialità nelle aree rurali favorendo l'ingresso e la permanenza di giovani e di nuovi imprenditori qualificati alla conduzione di aziende agricole, forestali ed extra-agricole, garantendo un'adeguata formazione, facilitando l'accesso al credito ed al capitale fondiario e favorendo la multifunzionalità delle imprese e i processi di diversificazione delle attività aziendali».

------

6) Per un approfondimento il documento può essere scaricato all'indirizzo *https://www.reterurale.it/PAC_2023_27/PolicyBrief*

7) Per un approfondimento il documento può essere scaricato all'indirizzo *https://www.reterurale.it/PAC_2023_27/SWOT*

Gli strumenti che la PAC mette a disposizione, e tra questi quelli che sono stati scelti dall'Italia nel PSP, hanno il compito di superare questa esigenza («esigenza 3.1») per poter perseguire con successo l'obiettivo di rinnovo generazionale.

È importante evidenziare come il percorso di individuazione delle esigenze sia stato realizzato attraverso il confronto tra gli attori istituzionali preposti alla gestione dei fondi PAC. Con particolare riferimento al FEASR, il ruolo delle Regioni e Province Autonome è stato ritenuto determinante per l'individuazione puntuale delle esigenze stesse all'interno del percorso logico appena descritto.

Il confronto con i principali attori del processo di definizione strategico non ha portato solo ad una migliore esplicitazione dell'esigenza ma anche e soprattutto all'attribuzione di un peso ponderato in termini di strategicità di implementazione declinato per le diverse aeree del Paese.

In sintesi, la promozione dell'imprenditorialità giovanile, declinata nella «esigenza 3.1» di cui sopra, viene considerata strategica in tutto il territorio nazionale al fine del perseguimento dell'obiettivo specifico 7 e dell'obiettivo generale 3.

Il punto di arrivo del percorso appena descritto è stato la stesura del documento dal titolo: «Verso la strategia nazionale per un sistema agricolo, alimentare forestale sostenibile ed inclusivo»[8], all'interno del quale si delinea la strategia generale da perseguire per il rinnovo generazionale. Il documento evidenzia come sia necessario che le scelte nazionali di politica agricola, alimentare e forestale siano orientate e integrate tra loro, nonché capaci di interpretare in chiave innovativa, ecologica ed inclusiva le principali necessità di sostegno che il rinnovo generazionale richiede. In sintesi, la strategia nazionale intende rafforzare la resilienza e la vitalità dei territori rurali, generando occasioni di nuova imprenditoria basate sul consolidamento del patrimonio na-

---

8) RRN (2021): *https://www.reterurale.it/downloads/Tavolo-Tecnico.pdf*

turale e sociale e creando le condizioni per migliorare l'attrattività e l'inclusività delle zone marginali.

Un elemento fondante della strategia nazionale per il perseguimento dell'obiettivo specifico 7 è quindi quello di aumentare e diversificare le occasioni di occupazione in una logica di sostenibilità, favorendo la creazione di nuove opportunità imprenditoriali nelle attività connesse, soprattutto per le giovani generazioni e per le donne, facilitando le condizioni di accesso alla terra e al credito e offrendo insieme un'efficace rete di assistenza tecnica e di trasferimento delle conoscenze, anche pratico-operative, tramite le imprese agricole più efficienti e innovative impiegate come *benchmark* e luogo di formazione *on field* per i potenziali nuovi imprenditori. Riassumendo, la strategia nazionale è quella di creare nuove opportunità occupazionali e mantenere vitali i territori rurali.

In continuità con la fase di programmazione 2014-20, la strategia per i giovani e il ricambio generazionale sarà realizzata in maniera diretta attraverso il sostegno complementare al reddito per i giovani agricoltori e l'intervento dello sviluppo rurale per l'insediamento dei giovani nelle imprese agricole, riservando complessivamente a questi interventi un importo superiore alla dotazione minima di 108 milioni di euro per anno che obbligatoriamente il Regolamento (UE) 2021/2115 impone di destinare all'obiettivo del rinnovo generazionale (Piras F. 2022 a, b e 2023).

Inoltre, nell'ambito dello sviluppo rurale, le Regioni avranno la possibilità di attivare un nuovo intervento introdotto nella PAC 2023-2027, denominato di «Cooperazione per il rinnovo generazionale», che prevede forme di affiancamento e cooperazione tra agricoltori anziani e giovani aspiranti imprenditori agricoli. Al momento nessuna Regione ha deciso di attivare tale misura.

All'interno degli interventi previsti nell'ambito dello sviluppo rurale, i giovani potrebbero beneficiare anche di altri sostegni, grazie all'accesso prioritario nel caso di interventi non direttamente riferibili a loro e di maggiori intensità di aiuto.

Con l'intervento che finanzia gli investimenti materiali e immateriali, i giovani potranno beneficiare di un sostegno che, qualora erogato attraverso strumenti finanziari, anche nazionali, si applicherà all'acquisto dei terreni agricoli senza limite di spesa.

Agli interventi previsti nell'ambito della PAC si affiancheranno strumenti complementari ed iniziative nazionali indirizzate a favorire l'insediamento dei giovani agricoltori, il loro accesso al capitale fondiario, al credito e alla formazione. Agli strumenti nazionali verrà dedicato in seguito un apposito capitolo (Cap. 5).

Prima di procedere alla descrizione degli strumenti di natura comunitaria, distinguendo tra quelli afferenti al I pilastro e quelli relativi al II pilastro, di seguito verranno fornite alcune informazioni di dettaglio relativamente agli elementi trasversali tra gli strumenti, come la definizione di «giovane agricoltore» e lo strumento della riserva nazionale.

4.2.1. La definizione di «giovane agricoltore»

Per gli interventi previsti in ambito PAC vale la comune definizione di «giovane agricoltore», impiegata per l'accesso agli strumenti del I e del II pilastro. Gli elementi che definiscono la figura del giovane agricoltore non cambiano rispetto alla precedente programmazione se non per la necessità di possedere requisiti minimi in termini di formazione o competenze anche per il sostegno al reddito del I pilastro.

Più specificatamente, l'art. 4 del Regolamento (CE) 2021/2115, richiama la necessità da parte dello Stato membro di arrivare ad una definizione chiara di giovane agricoltore e nuovo agricoltore. La definizione deve comprendere almeno tre aspetti ritenuti fondamentali quali l'età (tra i 35 e i 40 anni), la definizione del capo azienda e l'individuazione delle competenze specifiche e professionali.

Il PSP, e più in dettaglio il Decreto Ministeriale n. 660087 del 23 Dicembre 2022 e la Circolare AGEA n. 35149 del 12 Maggio 2023, specificano che i giovani agricoltori sono le persone fisiche in possesso dei seguenti tre requisiti:

1) anagrafico: età non superiore a 40 anni (il requisito anagrafico sussiste fino al giorno precedente la data del compimento del 41° anno di età) nell'anno di presentazione della domanda di sostegno complementare o della domanda di assegnazione dei titoli alla riserva nazionale con la fattispecie A) «giovane agricoltore»;

2) insediamento: che si insedia per la prima volta in un'azienda agricola in qualità di capo azienda o si sia già insediato entro i cinque anni che precedono la prima presentazione della domanda di sostegno complementare per i giovani agricoltori o della domanda di assegnazione dei titoli alla riserva nazionale. A questo proposito è necessario che il giovane sia effettivamente a capo dell'azienda e cioè che ne eserciti il controllo effettivo e duraturo in relazione alle decisioni inerenti la gestione, gli utili e i rischi finanziari. Con riferimento a tali aspetti, nel caso in cui il giovane agricoltore costituisca un'impresa individuale, egli può essere ritenuto capo azienda *ipso facto*. Nei casi di società (di persona o di capitale), il giovane agricoltore esercita il controllo effettivo se:
- detiene una quota rilevante del capitale;
- partecipa al processo decisionale riguardo alla gestione (anche finanziaria) della società;
- provvede alla gestione corrente della società.

Tali principi vanno applicati tenendo in considerazione quanto previsto dal Codice civile in materia di controllo e poteri di gestione, anche finanziaria, per le varie tipologie societarie.

Ai fini dell'ottenimento del sostegno è fondamentale individuare precisamente il momento di inizio dell'attività del giovane agricoltore. A seconda delle fattispecie, tale requisito è comprovato da:

• la data di iscrizione al registro delle imprese agricole e/o di apertura della partita IVA agricola (con codice ATECO 01) intestata al giovane, anche se successivamente chiusa;

• oppure, nel caso di partita IVA già presente ma attiva in ambito diverso da quello agricolo, la data di estensione dell'attività al settore agricolo (con codice ATECO 01);

• la data di iscrizione all'INPS come coltivatore diretto, imprenditore agricolo professionale, colono o mezzadro;

• l'anno di presentazione di una qualsiasi domanda di contributi, indipendentemente dall'esito della stessa (inammissibilità, rigetto o accoglimento), o anche di presentazione di mere dichiarazioni (tali dichiarazioni devono rendere possibile certificare gli insediamenti di imprese individuali non soggette agli obblighi di iscrizione ai registri delle imprese, all'INPS o al possesso della Partita IVA) inerenti allo svolgimento dell'attività agricola, come capo azienda, quali dichiarazioni vitivinicole o produzioni olio, a titolo di esempio. Nel caso in cui si verifichi più di uno di questi requisiti, l'anno di inizio dell'attività agricola coincide con quello del parametro che si verifica per primo;

3) istruzione e competenza: il Regolamento (UE) 2115/2021 introduce per la prima volta i requisiti di competenze che il giovane agricoltore deve possedere al momento della presentazione della domanda di sostegno. Il terzo requisito «istruzione e competenza» è quindi una novità della programmazione 2023-2027 che non era previsto in quella precedente, almeno per quanto concerne il riferimento al pagamento complementare. Solo i «giovani agricoltori» che sono in possesso dei requisiti di istruzione e competenza possono:

• percepire il pagamento complementare per i «giovani agricoltori»;

• presentare domanda di accesso alla riserva nazionale nella fattispecie A) «giovane agricoltore».

Si precisa che la definizione di «giovane agricoltore» prevista per i pagamenti diretti (Regolamento 2021/2115, art. 30) potrebbe non coincidere con quella prevista dallo Sviluppo Rurale (Regolamento 2021/2115, art. 75), che può, infatti, prevedere requisiti diversi e più stringenti nell'ambito dei 21 Complementi Regionali di Sviluppo Rurale (FRASCARELLI 2023).

Il possesso di adeguati requisiti di istruzione e competenza si verificano quando si possiede almeno uno dei seguenti titoli di studio o di esperienza lavorativa:

• titolo universitario a indirizzo agricolo, forestale, veterinario, o titolo di scuola secondaria di II grado ad indirizzo agricolo;

• titolo di scuola secondaria di II grado a indirizzo non agricolo e attestato di frequenza ad almeno un corso di formazione di minimo 150 ore, con superamento dell'esame finale, su tematiche riferibili al settore agroalimentare, ambientale o della dimensione sociale. I corsi devono essere tenuti da enti accreditati dalle Regioni o Province autonome;

• titolo di scuola secondaria di I grado, accompagnato da esperienza lavorativa di almeno tre anni nel settore agricolo, documentata dall'iscrizione al relativo regime previdenziale o acquisita nell'ambito dell'intervento di cooperazione per il ricambio generazionale. In alternativa, se previsto nei bandi regionali per gli interventi di sviluppo rurale, è valido anche il titolo di scuola secondaria di I grado accompagnato da attestato di frequenza ad uno o più corsi di formazione di almeno 150 ore, come stabilito dalla medesima Regione o Provincia autonoma, con superamento dell'esame finale, su tematiche riferibili al settore agroalimentare, ambientale o della dimensione sociale.

Ai fini della corretta dichiarazione dei titoli di studio o esperienza lavorativa, si precisa che l'agricoltore deve dichiarare di rientrare specificamente in una sola delle tre casistiche sopra indicate: precisamente quella per la quale soddisfa interamente i requisiti della singola casistica.

4.2.2. Lo strumento della riserva nazionale

Nell'ambito del I pilastro, i giovani sono inseriti tra le fattispecie prioritarie per accedere alla riserva nazionale al fine di ottenere nuovi titoli all'aiuto per attivare il sostegno di base per la sostenibilità.

Il DM n. 660087 del 23 Dicembre 2022 (art. 12, c. 2) stabilisce che la riserva nazionale dovrà essere utilizzata in via prioritaria per l'assegnazione di titoli ai giovani agricoltori.

I giovani, infatti, possono presentare domanda di accesso alla riserva, presso l'organismo pagatore competente, per farsi assegnare diritti all'aiuto, in via prioritaria e con criteri oggettivi e non discriminatori.

L'accesso alla riserva nazionale avviene mediante due modalità:

• assegnazione di nuovi titoli agli agricoltori che non ne detengono;

• aumento del valore dei titoli già detenuti se questo è inferiore alla media nazionale di 164 €/ha.

Ai fini dell'assegnazione dei nuovi diritti, ovvero degli incrementi di diritti già posseduti, si tiene conto del numero di ettari ammissibili che l'agricoltore detiene in base a un legittimo titolo di conduzione alla data del 15 Maggio dell'anno di domanda.

L'accesso alla riserva per il giovane è limitato a una sola volta, compreso l'accesso avvenuto ai sensi del Regolamento (UE) n. 1307/2013.

La richiesta di accesso come giovane agricoltore esclude pertanto la possibilità di presentare una richiesta come nuovo agricoltore e viceversa.

È esclusa, inoltre, la possibilità di presentare una richiesta di accesso alla riserva come persona fisica ed un'altra per la società di cui l'agricoltore eserciti il controllo e per la quale utilizzi i propri requisiti al fine di ottenere l'accesso alla riserva.

Come si è detto, la definizione di «giovane agricoltore» per l'accesso alla riserva nazionale è la stessa del «pagamento complementare per i giovani agricoltori», descritta in precedenza. In base a questa definizione, a partire dalla domanda unica 2023 valgono i requisiti di competenze e professionalità precedentemente descritti. Per il solo anno 2023, con il DM 13 Luglio 2023, prot. n. 366953, è ammessa una proroga del termine per dimostrare il possesso del requisito della formazione e della capacità professionale, da parte dei giovani e nuovi agricoltori.

4.3. Gli interventi all'interno del I pilastro

4.3.1. Il sostegno complementare al reddito per i giovani agricoltori

Nell'ambito del I pilastro, uno dei cinque pagamenti della nuova PAC 2023-2027 è destinato ai giovani agricoltori che percepiscono un pagamento complementare, aggiuntivo a quello di base, denominato «sostegno complementare al reddito per i giovani agricoltori».

A questo intervento è destinato un importo pari al 2% della dotazione dei pagamenti diretti. Il PSP indica come allocazione finanziaria annua per lo strumento una cifra intorno ad un valore medio pari a 70 milioni di euro per ciascun anno dal 2023 al 2027 per un totale pari a circa 352 milioni di euro per il periodo 2023-2027.

Il sostegno complementare al reddito per i giovani agricoltori con una età inferiore a 41 anni compiuti che si insediano per la prima volta in un'azienda agricola in qualità di capo azienda, ha la finalità di fornire un sostegno aggiuntivo al reddito nella fase di avviamento, per un periodo massimo di cinque anni.

Questo sostegno, sotto forma di un pagamento annuale disaccoppiato per ettaro ammissibile, fino ad un massimo di 90 ettari, si aggiunge al premio base per la sostenibilità garantito al giovane neo-insediato attraverso l'accesso prioritario alla riserva nazionale.

Tale maggiorazione si giustifica con l'esigenza di accrescere in particolare il reddito delle aziende dei giovani agricoltori nei primi anni di attività, per contrastare uno dei punti di debolezza individuati nell'analisi SWOT, cioè «l'instabilità dei redditi in agricoltura e il *gap* rispetto ad altri settori economici come deterrente per il rinnovo generazionale».

Il pagamento è limitato alla fase iniziale del ciclo di vita dell'impresa, per cui esso è concesso per un periodo di cinque anni.

L'importo del pagamento è calcolato come pagamento per ettaro, uguale per tutti i giovani agricoltori. Quindi, cambia moltissimo rispetto alla precedente programmazione. Nella vecchia PAC l'importo del pagamento era ottenuto moltiplicando il numero dei titoli attivati dall'agricoltore per il 50% del valore medio dei titoli all'aiuto detenuti dall'agricoltore stesso. In altre parole, nella vecchia PAC, il giovane agricoltore percepiva un pagamento maggiorato del 50% rispetto al pagamento di base, quindi proporzionale al valore dei titoli individuali.

Per contro, a partire dal 2023, l'importo unitario effettivo da erogare, per ciascun anno di domanda, è determinato da AGEA, dividendo il *plafond* previsto dal PSP per il sostegno in questione, per il numero di ettari ammissibili richiesto a livello nazionale.

In media, rispetto alla programmazione precedente, il pagamento si riduce di circa il 17%, ma per molti giovani agricoltori la riduzione è assai più elevata.

Il pagamento annuo a favore dei giovani agricoltori è concesso alle persone giuridiche solo se il giovane che attribuisce la qualifica alla persona giuridica nel primo anno di richiesta di premio giovane continua ad esercitare il potere di controllo effettivo della società in ogni anno successivo.

Gli agricoltori che hanno iniziato il quinquennio sotto la vigenza dell'art. 50 del Regolamento (UE) n. 1307/2013 (quindi in un qualsiasi anno antecedente al 2023), ai sensi dell'art. 15, c. 7, del DM 23 Dicembre 2022 n. 660087, hanno diritto a percepire il sostegno per la restante parte del quinquennio. In tal caso, continuano a trovare applicazione le condizioni di ammissibilità previste dal citato Regolamento (UE) n. 1307/2013 e dal DM 7 Giugno 2018 n. 5465, ma l'importo che l'agricoltore ha diritto a percepire non è più calcolato quale percentuale (50%) del valore dei titoli detenuti, ma consiste nel nuovo pagamento per ettaro (83,5 €/ha).

In concreto, un giovane che nel 2023 percepisce ancora il pagamento secondo il Regolamento (UE) n. 1307/2013, lo manterrà per l'intero periodo rimanente, anche nel caso in cui a quella data abbia più di 40 anni e/o non rispetti i requisiti su formazione e titoli di studio definiti dal PSP.

Il premio a ettaro per il rimanente periodo, però, non sarà più pari al 50% del valore dei titoli all'aiuto che possiede, come nel periodo 2014-2022, ma sarà pari all'importo fisso uguale per tutti (circa 83,5 €/ha).

TABELLA N. 8: SINTESI DEL PAGAMENTO PER I GIOVANI AGRICOLTORI.

Criteri	Decisioni comunitarie e nazionali
Beneficiari	• età non superiore ai 40 anni, nell'anno di presentazione della domanda unica
	• insediati per la prima volta come capo azienda, o che si siano già insediati nei cinque anni precedenti la presentazione della domanda
Durata del pagamento	5 anni dalla data dell'insediamento
Percentuale del plafond nazionale	2%
Importo del pagamento	L'importo unitario effettivo da erogare, per ciascun anno di domanda, è determinato da Agea, dividendo il *plafond* previsto dal Piano strategico nazionale per il sostegno in questione, per il numero di ettari ammissibili richiesti al sostegno nell'anno considerato
	L'importo stimato dal Piano strategico nazionale è di 83,50 €/ha
Limite di pagamento	90 ettari

Fonte: A. FRASCARELLI, 2023

4.4. Gli interventi all'interno del II pilastro

4.4.1. L'intervento di sostegno al primo insediamento

Nell'ambito dello sviluppo rurale, l'intervento di sostegno al primo insediamento è finalizzato alla concessione di un aiuto ai giovani imprenditori agricoli dietro presentazione di un piano aziendale per lo sviluppo dell'attività.

La natura dell'intervento è quella di offrire uno strumento per attrarre i giovani nel settore agricolo e per consentire loro di attuare le proprie idee imprenditoriali offrendo strumenti che semplifichino le fasi iniziali d'insediamento tra cui l'acquisizione dei terreni, dei capitali e delle conoscenze.

L'intervento assume un rilievo centrale, anche in termini finanziari, nell'ambito di quelli finalizzati al ricambio generazionale, ma anche nel panorama complessivo degli interventi da attivare nell'ambito dello sviluppo rurale.

Per questo motivo si è deciso di utilizzare l'opzione della flessibilità tra pilastri, trasferendo l'1% della dotazione per i pagamenti diretti, pari a 36,2 milioni di euro, verso la dotazione per il FEASR specificamente per l'intervento di insediamento dei giovani agricoltori, sfruttando l'effetto leva del cofinanziamento nazionale.

A seguito della formalizzazione dell'accordo di riparto dei fondi FEASR 2023-2027 tra le Regioni e la conseguente assegnazione dei fondi a disposizione tra gli interventi di sviluppo rurale scelti dalle stesse Regioni, è possibile stabilire che, complessivamente, le risorse finanziarie destinate all'intervento di sostegno all'insediamento nello sviluppo rurale sono pari a oltre 680 milioni di euro.

Le modalità di attuazione non sembrano presentare significative variazioni rispetto a quanto avvenuto nella precedente programmazione.

Il sostegno prevede un massimale di 100.000 euro concesso in forma di premio in conto capitale anche in più stati di avanzamento. Le modalità e gli importi concessi, come i criteri di selezione e le condizioni di ammissibilità, sono stabiliti dalle autorità regionali, ciascuna per il proprio ambito di competenza, per garantire una maggiore adesione dello strumento al contesto territoriale di riferimento.

L'intervento è stato infatti calibrato dalle Regioni e dalle Province autonome, che hanno avuto la possibilità di meglio specificarne l'applicazione attraverso una serie di elementi di regionalizzazione inseriti in una cornice di criteri, obblighi e impegni comune per tutto il Paese.

Oltre ai consueti criteri di ammissibilità, riferiti alla necessaria istruzione o capacità professionale, l'intervento di primo insediamento continua a prevedere, tra gli obblighi, la presentazione di un piano aziendale tale da inquadrare la situazione di partenza dell'insediamento, l'idea imprenditoriale che si intende attuare, le tappe essenziali che caratterizzano le attività ed i tempi di attuazione, gli obiettivi ed i risultati che si intendono raggiungere. Tra gli impegni dei giovani beneficiari del premio c'è quello di condurre l'azienda agricola per un periodo di tempo minimo stabilito dalle singole Regioni e Province. Alcune Regioni, sulla base delle proprie specificità, hanno individuato soglie di ammissibilità minime e massime espresse in termini di produzione standard o produzione potenziale. Le soglie minime sono state definite per assicurare una maggiore probabilità che l'insediamento avvenga in aziende economicamente sostenibili nel medio-lungo termine. La soglia massima è invece definita in modo da evitare che il sostegno sia destinato ad aziende che già al momento dell'avvio abbiano una dimensione tale da essere economicamente in grado di affrontare un subentro o un passaggio generazionale senza il relativo aiuto. L'intervento viene implementato sia in maniera autonoma che in combinato con altri interventi attraverso la modalità del «pacchetto». Le modalità di funzionamento del pacchetto e le misure attivabili al suo interno sono definite dalle singole Regioni che adottano questa modalità.

L'intervento di primo insediamento è stato attivato in tutte le Regioni sebbene, in termini di risorse destinate, le differenze siano notevoli in valore assoluto e, in alcuni casi, anche in termini di quota percentuale rispetto alla dotazione complessiva delle risorse affidate a ciascuna Regione.

In termini generali si può sicuramente affermare che l'attenzione che le Regioni hanno dedicato all'intervento di primo insediamento per il periodo 2023-2027, espresso in termini di risorse programmate, è sicuramente maggiore rispetto a quanto avvenuto nel periodo 2007-2013[9]. Un confronto rispetto a quanto fatto durante il periodo 2014-2022 è reso difficile dal fatto che l'intervento di primo insediamento, la Misura 6.1, è inglobata all'interno della più ampia Misura 6, e questo non permette di disporre agevolmente dei dati di spesa pubblica riferiti al solo intervento 6.1[10].

4.4.2. Il sostegno alla cooperazione per il rinnovo generazionale

Il sostegno alla cooperazione per il rinnovo generazionale rappresenta una novità nel panorama degli strumenti dello sviluppo rurale 2023-2027.

---

9) Per un maggior dettaglio sul confronto in termini di risorse impegnate per la misura di primo insediamento durante i diversi periodi di programmazione si rimanda al lavoro di PIRAS F. (2022), «La strategia 2023-2027 per il rinnovo generazionale nell'ambito dello sviluppo rurale», in «Pianeta PSR», n. 119, Dicembre 2022.

10) I dati relativi alla programmazione 2023-2027 sono tratti dalla versione del 23 Ottobre 2023 del PSP consultabile all'indirizzo *https://www.reterurale.it/flex/cm/pages/ServeBLOB.php/L/IT/IDPagina/24037*. I dati relativi alla programmazione 2007-2013 sono tratti dal documento «Report di chiusura della programmazione 2007-2013», a firma di OTTAVIANI L. e BUGLIONE A. in RRN *https://www.reterurale.it/flex/cm/pages/ServeBLOB.php/L/IT/IDPagina/16833*

L'intervento è finalizzato a favorire lo sviluppo dell'imprenditoria giovanile in agricoltura attraverso forme di affiancamento e cooperazione tra agricoltori ultrasessantacinquenni, o pensionati, e giovani non proprietari di terreni agricoli, agevolando il graduale passaggio gestionale dell'attività di impresa.

Il sostegno è concesso agli agricoltori che hanno raggiunto l'età pensionabile e che stipulano un contratto di affiancamento con giovani fino a 41 anni di età non compiuti, anche in forma associata, che non siano titolari di diritto di proprietà o di diritti reali di godimento su terreni agricoli.

Il contratto di affiancamento impegna da un lato l'imprenditore agricolo anziano a trasferire al giovane le proprie competenze, dall'altro obbliga il giovane a contribuire direttamente alla gestione anche manuale dell'impresa, d'intento con il titolare e secondo quanto concordato nel piano aziendale presentato congiuntamente al contratto di affiancamento all'atto della presentazione della domanda.

La natura dell'intervento è, quindi, quella di offrire da un lato opportunità e strumenti per attrarre giovani nel settore agricolo, dall'altro quello di facilitare l'uscita dal settore di imprenditori anziani o pensionati favorendo il passaggio di competenze attraverso uno scambio generazionale.

Un aspetto significativo, è rappresentato dal fatto che nessuna delle 21 Regioni o Province autonome ha deciso di attivare questo ulteriore strumento a vantaggio del rinnovo generazionale previsto dal regolamento comunitario.

L'intervento, adottato al momento da altri Paesi europei con ottimi risultati, rappresenterebbe un valida opportunità per favorire forme di affiancamento e cooperazione tra agricoltori ultrasessantacinquenni o pensionati e giovani, non proprietari di terreni agricoli (GIORGI S., PIRAS F. 2017).

5. Gli strumenti nazionali a favore dei giovani

Gli interventi previsti dalla PAC per favorire il ricambio generazionale, descritti in dettaglio nel capitolo precedente, sono affiancati da altri interventi a carattere nazionale. È lo stesso PSP, e quindi la cornice legislativa comunitaria, a spingere per un'efficace complementarietà tra strumenti comunitari e nazionali. Gli interventi nazionali appaiono diversi per modalità di implementazione e per una minore portata finanziaria ma, soprattutto, tendono ad assumere un carattere prettamente settoriale rispetto a quelli promossi a livello europeo che, per contro, si inseriscono in un quadro di sviluppo più ampio (Albani *et al.* 2013).

Gli interventi nazionali hanno una storia lunga e articolata, contrassegnata da pause e accelerazioni.

La L. n. 411 del 15 Dicembre 1998: «Norme per la diffusione e la valorizzazione dell'imprenditorialità giovanile in agricoltura» è stato uno dei primi interventi organici a prevedere aiuti per insediamento, accompagnamento al lavoro autonomo, accesso al capitale fondiario e formazione dei nuovi imprenditori. Di questo pacchetto sopravvive oggi soltanto il contributo agevolato per l'acquisto dei terreni, gestito dall'Istituto dei Servizi Alimentari per il Mercato Agricolo (ISMEA), di cui si parlerà in seguito.

La legge ha istituito l'Osservatorio per l'Imprenditorialità Giovanile in Agricoltura (OIGA), con funzioni di monitoraggio sull'applicazione della stessa L. n. 441/1998 e politiche regionali, nazionali e comunitarie a favore dell'imprenditorialità giovanile in agricoltura. Tale struttura è stata soppressa dalla L. n. 135 del 7 Agosto 2012.

Nel 2006, con la legge finanziaria 2007 (L. n. 296/2006), è stato istituito presso il Ministero delle Politiche Agricole Alimentari e Forestali (MIPAAF) il Fondo per lo Sviluppo dell'Imprenditoria Giovanile in Agricoltura, al fine di incentivare il ricambio generazionale e lo sviluppo delle giovani imprese del settore agricolo e agroalimentare. A tale fondo è stata assegnata una dotazione finanziaria iniziale di 10 milioni di euro annui per il quinquennio 2007-2011, successivamente ridotta a 5 milioni di euro a partire dal 2009. Le risorse finanziarie del 2011 sono le ultime destinate al fondo.

Nel 2014 è stato predisposto il cosiddetto pacchetto «Campolibero» (L. n. 116/2014), che ha rappresentato una nuova stagione di interventi a favore del ritorno alla terra dei giovani.

Sempre nel 2014, il MIPAAF ha emanato un decreto denominato «Terrevive», che ha introdotto alcune misure finalizzate alla liberazione o all'affitto di terreni pubblici idonei alla coltivazione da destinare, in prelazione, a giovani agricoltori. Si trattava di interventi volti, da un lato, ad abbattere le principali barriere all'ingresso (*es.*: detrazioni del 19% sull'affitto dei terreni per gli *under* 35; sgravi fiscali per i nuovi imprenditori e per l'assunzione di lavoratori) e, dall'altro, a sostenere l'avvio di attività che si traducono sostanzialmente in finanziamenti a tasso agevolato per nuove imprese di produzione, trasformazione e commercializzazione di prodotti agricoli, gestite da giovani sotto i 40 anni.

Un cenno a parte meritano gli strumenti per favorire il ricambio generazionale gestiti dall'ISMEA, che si sviluppano in tre principali direzioni: la creazione e lo sviluppo di imprese giovanili, l'accesso al capitale fondiario e l'accesso al credito. Nonostante l'importanza di tali strumenti, il ridotto numero di iniziative andate a buon fine, rapportato all'universo delle imprese nazionali, ha portato la Corte dei Conti nella sua relazione speciale (2021) a considerare gli strumenti ISMEA come utili aiuti per la creazione di imprese, ma non come strumenti sufficienti per garantire un ricambio generazionale su larga scala.

Più nel dettaglio, per favorire la creazione e lo sviluppo di imprese agricole, l'Istituto ha messo a punto lo strumento denominato «Più Impresa»[1]. Si tratta di una misura dedicata ai giovani *under* 41 e alle donne senza limiti di età[2] che intendono subentrare nella conduzione di un'azienda agricola, o che sono già attivi in agricoltura da almeno due anni e intendono migliorare la competitività della loro impresa attraverso la concessione di mutui a tasso zero e contributi a fondo perduto.

Lo strumento finanzia investimenti fino a 1.500.000 di euro per sostenere progetti di sviluppo o di consolidamento nei settori della produzione, trasformazione e commercializzazione di prodotti agricoli e nella diversificazione del reddito agricolo[3].

Le agevolazioni concesse consistono in un contributo a fondo perduto fino al 35% delle spese ammissibili[4] e in un

---

1) Decreto MIPAAF 20 Aprile 2021: «Misure in favore dell'autoimprenditorialità giovanile in agricoltura», in G.U. n. 135 dell'8 Giugno 2021.

2) Il Decreto Sostegni *bis*, convertito in L. 23 Luglio 2021, n. 106, ha esteso la misura «Più Impresa» anche all'imprenditoria femminile.

3) Per le attività di agriturismo e le altre attività di diversificazione del reddito agricolo le agevolazioni sono concesse in regime *de minimis* nel limite massimo di euro 200.000.

4) Non sono ammissibili al finanziamento: diritti di produzione, animali e piante annuali, lavori di drenaggio, impianti per la produzione di biocarburanti e per la produzione di energia termica ed elettrica da fonti rinnovabili, investimenti di sostituzione di beni preesistenti, lavori in economia, impianti e macchinari usati, capitale circolante.

mutuo a tasso zero per la restante parte, nei limiti del 60% delle spese ammissibili per l'investimento. La durata massima del mutuo è stabilita in 15 anni con un periodo di pre-ammortamento di massimo 30 mesi. Destinatari dell'intervento sono le micro, piccole e medie imprese agricole organizzate sotto forma di ditta individuale o di società, amministrate e condotte da giovani di età compresa tra i 18 e i 41 anni non compiuti. L'impresa beneficiaria deve fornire garanzie di valore pari a quello del mutuo agevolato concesso per una durata pari ad almeno quella del mutuo stesso.

Gli interventi destinati a favorire l'accesso al capitale fondiario rappresentano un secondo grande ambito di intervento per l'ISMEA. Si tratta di strumenti di fondamentale importanza per superare la nota criticità di accesso alla terra da parte dei giovani imprenditori agricoli in considerazione del fatto che la politica agricola comunitaria non finanzia specificatamente l'acquisto di terreni, se non nel limite del 10% della spesa ammissibile a finanziamento della misura sugli investimenti agricoli. Nella futura PAC 2024-2027 si prevede che soltanto i giovani possano andare oltre questo limite, a patto che beneficino del sostegno tramite l'utilizzo di strumenti finanziari.

Nel 2022 l'ISMEA ha profondamente rivisto le proprie misure di accesso al capitale fondiario lanciando lo strumento denominato «Generazione Terra», che rappresenta un'evoluzione della vecchia misura di primo insediamento. L'intervento si rivolge sia ai giovani che si accingono ad insediarsi nel settore, sia a coloro che sono già insediati. La misura, infatti, supporta anche i giovani imprenditori che intendono ampliare la superficie della loro azienda o consolidare quella condotta in affitto mediante l'acquisto di un terreno. Nel caso del finanziamento alle *start-up*, vengono considerate due categorie *target*: giovani con esperienza nel settore che devono avere meno di 41 anni, e giovani senza esperienza, ma con un titolo di studio idoneo per svolgere la professione di imprenditore agricolo e che non possono avere più di 35 anni. È importate sottolineare come fra i titoli di studio vengano riconosciuti non solo il diploma e le lauree a indirizzo agrario, ma anche altre lauree a indirizzo tecnico o economico in linea con le principali risultanze dell'ultimo censimento, secondo cui i titoli di studio specialistici non sono preponderanti rispetto ai titoli di studio ad indirizzo agrario veterinario posseduti dagli imprenditori agricoli *under* 40. Dopo la valutazione positiva di un piano aziendale, il sostegno consiste nell'erogazione di un mutuo a tasso agevolato, per una durata massima di 30 anni, per l'acquisto di terreni. Il valore massimo del finanziamento è pari a 1,5 milioni di euro per le prime due categorie di beneficiari e 500.000 euro per i giovani *startupper* con titolo di studio.

I giovani *startupper* con esperienza e titolo di studio, oltre al mutuo possono anche beneficiare del premio di primo insediamento a fondo perduto del valore massimo di 70 mila euro che, sostanzialmente, abbatte la rata del mutuo per i primi anni. Al momento sono stati previsti stanziamenti pari a 50 milioni di euro per i giovani già insediati e gli *startupper* con esperienza, equamente suddivisi per le aree del Centro-Nord e del Mezzogiorno, e 10 milioni di euro sull'intero territorio nazionale per gli *startupper under* 35 con il solo titolo di studio.

Per favorire l'accesso alla terra, nel 2016 è stata istituita la Banca Nazionale delle Terre Agricole (BTA) nell'ambito dell'art. 16 della L. 28 Luglio 2016, n. 154: uno strumento che prevede bandi annuali con cui vengono messi all'asta i terreni che rientrano in magazzino da operazioni fondiarie realizzate dall'ISMEA o che si rendano disponibili anche a seguito di abbandono dell'attività produttiva e di prepensionamenti, raccogliendo, organizzando e dando pubblicità alle informazioni sulle caratteristiche naturali, strutturali ed infrastrutturali dei medesimi, sulle modalità e condizioni di cessione e di acquisto degli stessi. La Banca può essere alimentata anche con i terreni appartenenti a Regioni, Province autonome o altri soggetti pubblici, anche non territoriali, interessati a vendere per il tramite della Banca i propri terreni, previa sottoscrizione di specifici accordi con l'Istituto.

La categoria dei giovani è l'unica che può acquistare i terreni aggiudicati stipulando mutui trentennali. Il contributo di BTA al ricambio generazionale si concretizza anche con l'utilizzo dei proventi delle varie operazione di vendita per finanziare le iniziative imprenditoriali dei giovani tramite gli altri strumenti finanziari dell'ISMEA.

La Banca nazionale gestita da ISMEA (BTA) è uno strumento parallelo e differente rispetto alle Banche della Terra regionali. Infatti, negli ultimi anni un numero sempre maggiore di amministrazioni regionali ha emanato leggi relative alla «Banca della Terra», con l'obiettivo di costituire inventari completi e aggiornati dei terreni e delle aziende agricole di proprietà pubblica e privata che possono essere messi a disposizione di terzi tramite operazioni di affitto o di concessione. Ne esistono in Piemonte, Liguria, Toscana, Veneto, Provincia autonoma di Trento, Umbria, Abruzzo, Campania, Molise, Basilicata, Puglia e Sicilia. Nella maggior parte dei casi, però, non sono operative o sono scarsamente utilizzate.

Le Regioni che non hanno istituito Banche della Terra hanno talvolta sopperito organizzando bandi di assegnazione degli appezzamenti pubblici incolti, nei quali si dava priorità ai giovani fino a 40 anni. Altre volte sono stati i Comuni a proporre iniziative simili. In questo contesto enormemente frammentato non è chiaro quanti ettari di terreno agricolo di proprietà pubblica esistano in Italia, né in quali condizioni essi siano.

Fino ad oggi il programma più efficace di supporto alle amministrazioni locali per il censimento dei terreni pubblici è costituito dal progetto SIBaTer dell'ANCI, finanziato da fondi europei e diretto ai Comuni delle 8 Regioni del Mezzogiorno (Abruzzo, Basilicata, Calabria, Campania, Molise,

Puglia, Sardegna e Sicilia). In meno di quattro anni SIBaTer ha offerto supporto tecnico a 914 Comuni, con il censimento di circa 11 mila ettari di terreni in stato abbandono situati nelle aree fragili. Investire sulla messa in affitto o in concessione dei terreni pubblici abbandonati potrebbe essere il perno di una nuova strategia tesa a rilanciare il ricambio generazionale: una strategia capace di andare incontro ai potenziali nuovi agricoltori che intendono entrare nel settore senza però disporre di grandi capitali o terreni (AA.VV. 2023b).

Inoltre, per facilitare l'accesso al credito e ridurre il costo dei finanziamenti, l'ISMEA mette a disposizione delle imprese agricole finanziariamente sane il proprio sistema di garanzie. Tali garanzie, nel caso di giovani agricoltori, possono coprire fino all'80% dell'importo finanziato (70% per tutte le altre imprese). Allo stesso tempo, i giovani agricoltori possono accedere allo specifico fondo per l'abbattimento delle commissioni di garanzia (rilascio garanzie dirette).

Ancora, tra gli strumenti nazionali a vantaggio dell'imprenditoria giovanile agricola è giusto segnalare la proposta di legge Carloni, dal nome del suo primo firmatario e Presidente della Commissione Agricoltura della Camera dei Deputati. Il testo, approvato dall'Aula e adesso in attesa di passaggio al Senato, mira alla promozione e al sostegno dell'imprenditoria giovanile nel settore agricolo attraverso interventi volti a favorire l'insediamento degli *under* 41, la permanenza e il ricambio generazionale. A questo scopo vengono stanziati 156 milioni di euro dal 2024 al 2029 e 27,76 milioni annui dal 2030.

Tra gli elementi più importanti di questo provvedimento vi sono le agevolazioni sull'ampliamento delle produzioni; il diritto di prelazione sui terreni confinanti; un contributo a fondo perduto per il primo insediamento e altre agevolazioni in materia di compravendita dei terreni agricoli.

Previsto anche un credito d'imposta per le spese relative alla partecipazione a corsi di formazione e l'istituzione dell'Osservatorio nazionale per l'imprenditoria e il lavoro giovanile nell'agricoltura.

Nello specifico, per quanto riguarda il primo insediamento, il contributo prevede una dotazione di 15 milioni di euro annui dal 2024 volta al cofinanziamento di programmi predisposti dalle Regioni e dalle Province autonome per favorire l'ingresso dei giovani nel settore agricolo.

Infine, il testo introduce un regime fiscale agevolato per l'insediamento delle imprese giovanili, con aliquota al 12,5% della base imponibile costituita dal reddito d'impresa prodotto nel periodo d'imposta, a patto che i beneficiari non abbiano esercitato nei tre anni precedenti altra attività d'impresa agricola e che abbiano regolarmente adempiuti gli obblighi previdenziali, assicurativi e amministrativi previsti dalla legge (SAGGIO L. 2023).

6. Il ricambio generazionale nella PAC 2023-2027 in Sardegna

L'analisi dei dati statistici esposta nei primi capitoli ha permesso di evidenziare la scarsa presenza di giovani agricoltori nel comparto agricolo. La regione Sardegna mostra tuttavia una maggior presenza di giovani imprenditori, rispetto a quanto avviene in gran parte delle altre regioni italiane.

La sola analisi dei dati ISTAT non permette di individuare precise determinanti dei giovani imprenditori agricoli tali da giustificare l'andamento positivo e in controtendenza rispetto al panorama nazionale dell'insediamento giovanile in agricoltura.

Il presente capitolo è interamente dedicato all'applicazione della nuova PAC in Sardegna, con l'obiettivo di verificare quali strumenti l'amministrazione regionale ha deciso di adottare per sostenere il rinnovo generazione in agricoltura. Il principale documento di programmazione regionale in agricoltura per il periodo 2023-2027 è rappresentato dal Complemento regionale per lo Sviluppo Rurale (CSR).

Il CSR è un documento programmatico tipico degli Stati a programmazione regionalizzata, come l'Italia. A ciascuna Regione spetta il ruolo di declinare, secondo le proprie specificità, gli interventi previsti dal Piano Strategico Nazionale.

Il CSR rappresenta il principale strumento attuativo a livello territoriale della cornice programmatica nazionale ed europea ed esplicita la strategia regionale per lo sviluppo rurale e le specificità regionali degli interventi, in attuazione del Piano Strategico della PAC elaborato a livello nazionale ed approvato dalla Commissione Europea. Il CSR non necessità, quindi, dell'approvazione della Commissione. Il CSR è stato, infatti, solo trasmesso e condiviso con il Ministero dell'Agricoltura e Sovranità Agricola e Forestale (MASAF) per la verifica di coerenza con il Piano strategico della PAC.

La Regione Sardegna, con deliberazione della Giunta Regionale n. 14/4 del 14 Marzo 2023[1], ha approvato il Complemento Regionale per lo Sviluppo Rurale della Sardegna nell'ambito del Piano Strategico dell'Italia per la PAC (PSP 2023-2027), concludendo la procedura avviata con la consultazione del partenariato regionale.

Con il CSR Sardegna 2023-2027 la Regione indirizza gli interventi previsti dal Piano Strategico Nazionale, adeguandoli alle specificità economiche, sociali e territoriali dell'Isola.

Il Programma prevede 30 interventi individuati all'interno del quadro complessivo delineato dal PSP e scelti in funzione degli indirizzi strategici propri della Regione Sardegna alla luce della necessità di concentrare le risorse verso gli obiettivi ritenuti prioritari e nel rispetto dei vincoli di spesa minimi imposti a livello comunitario.

Gli interventi previsti si pongono in continuità con la precedente programmazione 2014-2022 e spingono verso un rafforzamento delle azioni dirette alla sostenibilità ambientale delle attività agricole e zootecniche, alla valorizzazione qualitativa delle produzioni agroalimentari, al miglioramento della competitività del sistema agricolo isolano, al so-

---

1) *https://delibere.regione.sardegna.it/protected/64737/0/def/ref/ DBR64579/*

stegno delle strategie di sviluppo locale, al trasferimento di conoscenza e innovazione attraverso l'informazione, la digitalizzazione, la ricerca e la sperimentazione.

L'accesso ai finanziamenti proseguirà attraverso la partecipazione dei soggetti beneficiari ai bandi pubblici che vengono emanati periodicamente dall'Assessorato dell'Agricoltura come sempre accaduto anche in passato.

Le risorse finanziarie assegnate alla Regione Sardegna[2] ammontano a 819.493.113 euro di spesa pubblica totale, di cui 413.844.022 euro di contributo FEASR (50,50% della spesa pubblica totale) ed 405.649.091 euro di cofinanziamento nazionale, di cui 70% a carico del bilancio statale e 30% a carico del bilancio regionale.

La Regione Sardegna ha deciso di destinare le risorse complessive, nel rispetto dei vincoli di assegnazione e in funzione delle priorità ed obiettivi ritenuti strategici, nel seguente modo:

• il 39,88% delle risorse per interventi che riguardano gli impegni in materia di ambiente e di clima;

• il 20,26% delle risorse per interventi che compensano gli svantaggi naturali della montagna o altri vincoli territoriali specifici;

• il 26,24% delle risorse per gli investimenti;

• il 4,88% per favorire l'insediamento giovani agricoltori;

• il 7,64% agli interventi per la cooperazione;

• lo 0,49% ad interventi per lo scambio di conoscenze e la diffusione dell'informazione;

• lo 0,62% per l'assistenza tecnica.

La successiva tabella 10 riporta il dettaglio delle scelte e delle risorse finanziarie dedicate a ciascuna categoria di interventi.

---

2) Con l'intesa sancita, ai sensi dell'articolo 3 del D. L. 28 Agosto 1997, n. 281, dalla Conferenza Permanente per i Rapporti tra lo Stato, le Regioni e le Province autonome di Trento e Bolzano, nella seduta del 21 Giugno 2022.

TABELLA N. 9: NUMERO DI INTERVENTI E SPESA PUBBLICA DEI CSR REGIONALI.

Regione	n. interventi	Spesa Pubblica	%
Valle D'Aosta	28	91.845.516,97	0,6%
Piemonte	51	756.397.931,22	4,7%
Liguria	49	207.037.060,83	1,3%
Lombardia	50	834.458.801,00	5,2%
P.A. Bolzano	19	271.866.123,00	1,7%
P.A. Trento	18	198.960.232,02	1,2%
Veneto	45	824.564.075,25	5,2%
Friuli Venezia Giulia	31	227.593.361,20	1,4%
Emilia Romagna	47	913.219.511,23	5,7%
Toscana	51	748.813.503,70	4,7%
Umbria	45	518.602.136,97	3,3%
Marche	39	390.875.150,57	2,5%
Lazio	33	602.555.918,96	3,8%
Abruzzo	37	354.295.621,19	2,2%
Molise	22	157.712.920,83	1,0%
Campania	37	1.149.605.259,39	7,2%
Puglia	40	1.184.879.283,04	7,4%
Basilicata	38	452.944.740,58	2,8%
Calabria	40	781.294.584,11	4,9%
Sicilia	32	1.474.613.116,99	9,3%
Sardegna	31	819.493.112,89	5,1%
Interventi nazionali	5	2.973.181.875,00	18,7%
Totali	**788**	**15.934.809.836,94**	**100%**

Fonte: Deliberazione della Giunta Regionale n. 14/4 del 14 Marzo 2023

Gli interventi della categoria A si traducono in pagamenti relativi ad impegni in materia di ambiente e di clima e altri impegni in materia di gestione delle risorse naturali. Questi interventi promuovono l'introduzione e il mantenimento di pratiche agricole a basso impatto ambientale, proponendo modelli produttivi più attenti ad un uso sostenibile delle risorse; incentivano una gestione sostenibile delle attività in termini di tutela della qualità delle acque e dei suoli agricoli, di salvaguardia della biodiversità e di valorizzazione del paesaggio agrario, nonché della conservazione di razze animali autoctone minacciate di abbandono. All'interno di questa categoria due interventi (SRA07 e SRA28) serviranno esclusivamente per il pagamento di impegni in transizione dal PSR 2014-2022 al PSP 2023-2027.

In generale, gli interventi della categoria A, sono interventi strategici per la Regione dal momento che assorbiranno il 40% delle risorse complessive. Tra gli interventi del gruppo A, quelli relativi alla produzione biologica ed al benessere animale assorbiranno da soli il 36% di tutte le risorse a disposizione, condizionando pesantemente l'intero CSR.

Gli interventi della categoria B, identificati dalla sigla SRB, favoriscono il mantenimento dell'attività agricola e/o

TABELLA N. 10: RIPARTIZIONE SPESA PUBBLICA PER CATEGORIA DI INTERVENTI CSR SARDEGNA.

CSR Sardegna	Spesa pubblica	Quota FEASR	%
A. Impegni in materia di ambiente e di clima e altri impegni in materia di gestione	326.795.834	165.031.896	39,88%
SRA01 - ACA1 Produzione integrata	9.654.045	4.875.293	1,18%
SRA03 - ACA3 Tecniche lavorazione ridotta dei suoli	62.390.351	31.507.127	7,61%
SRA07 - ACA7 Conversione dei seminativi in prati permanenti e pascoli (solo trascinamenti)	8.963.668	4.526.652	1,09%
SRA14 - ACA14 Allevatori custodi dell'agro biodiversità	13.400.000	6.767.000	1,64%
SRA15 - ACA15 Agricoltori custodi dell'agro biodiversità	5.135.770	2.593.564	0,63%
SRA16 - ACA16 Conservazione dell'agro biodiversità	500.000	252.500	0,06%
SRA18 - ACA18 Impegni per l'apicoltura	2.000.000	1.010.000	0,24%
SRA28 - ACA28 Mantenimento forestazione/imboschimento (solo trascinamenti)	52.000	26.260	0,01%
SRA29 - Produzione biologica	69.700.000	35.198.500	8,51%
SRA30 - Benessere animale	155.000.000	78.275.000	18,91%
B. Vincoli naturali o altri vincoli territoriali specifici	166.000.000	83.830.000	20,26%
SRB01 - Zone con svantaggi naturali montagna	50.500.000	25.502.500	6,16%
SRB02 - Zone con altri svantaggi naturali significativi	115.500.000	58.327.500	14,09%
D. Investimenti, compresi gli investimenti nell'irrigazione	215.000.000	108.575.000	26,24%
SRD01 - Investimenti produttivi agricoli per la competitività delle aziende agricole	107.000.000	54.035.000	13,06%
SRD03 - Investimenti nelle aziende agricole per la diversificazione in attività non agricole	9.000.000	4.545.000	1,10%
SRD06 - Investimenti per la prevenzione e il ripristino del potenziale produttivo agricolo	9.000.000	4.545.000	1,10%
SRD07 - Investimenti in infrastrutture per l'agricoltura e lo sviluppo socioeconomico aree rurali	23.000.000	11.615.000	2,81%
SRD08 - Investimenti in infrastrutture con finalità ambientali	10.000.000	5.050.000	1,22%
SRD11 - Investimenti non produttivi forestali	2.000.000	1.010.000	0,24%
SRD12 - Investimenti per la prevenzione ed il ripristino danni Foreste	12.000.000	6.060.000	1,46%
SRD13 - Investimenti per la trasformazione e commercializzazione dei prodotti agricoli	39.000.000	19.695.000	4,76%
SRD15 - Investimenti produttivi forestali	4.000.000	2.020.000	0,49%
E. Insediamento di giovani agricoltori e di nuovi agricoltori e avvio di imprese rurali	40.000.000	20.200.000	4,88%
SRE01 - Insediamento giovani agricoltori	40.000.000	20.200.000	4,88%
G. Cooperazione	62.650.000	31.638.250	7,64%
SRG01 - Sostegno ai Gruppi operativi del Partenariato europeo per l'innovazione in agricoltura	8.000.000	4.040.000	0,98%
SRG03 - Partecipazione a regimi di qualità	300.000	151.500	0,04%
SRG05 - Sostegno alla preparazione delle strategie di sviluppo rurale LEADER	850.000	429.250	0,10%
SRG06 - Attuazione delle strategie di sviluppo locale	50.000.000	25.250.000	6,10%
SRG09 - Cooperazione per azioni di supporto all'innovazione e servizi rivolti ai settori agricolo, forestale e agroalimentare	1.000.000	505.000	0,12%
SRG10 - Promozione dei prodotti di qualità	2.500.000	1.262.500	0,31%
H. Scambio di conoscenze e diffusione dell'informazione	4.000.000	2.020.000	0,49%
SRH01 - Erogazione di servizi di consulenza	2.500.000	1.262.500	0,31%
SRH04 - Azioni di informazione	1.500.000	757.500	0,18%
ATO1 - Assistenza Tecnica	5.047.279	2.548.876	0,62%
Totale CSR Sardegna	819.493.113	413.844.022	100,00%

Fonte: Deliberazione della Giunta Regionale n. 14/4 del 14 Marzo 2023

zootecnica in zona montana e in zone con vincoli naturali significativi e/o specifici. Gli interventi, attraverso un'indennità annuale per ettaro di Superficie Agricola Utilizzata (SAU), compensano il mancato guadagno ed i costi aggiuntivi sostenuti dalle aziende per lo svolgimento delle attività agricole e di allevamento, rispetto alle zone non soggette a svantaggi naturali.

TABELLA N. 11: IMPEGNI IN MATERIA DI AMBIENTE E DI CLIMA PER REGIONE.

Regione	% su risorse complessive
Valle D'Aosta	35,46
Piemonte	34,17
Liguria	17,12
Lombardia	24,08
P.A. Bolzano	39,36
P.A. Trento	21,94
Veneto	25,94
Friuli Venezia Giulia	34,14
Emilia Romagna	35,75
Toscana	40,61
Umbria	31,44
Marche	34,75
Lazio	33,47
Abruzzo	38,17
Molise	36,27
Campania	37,47
Puglia	36,18
Basilicata	31,96
Calabria	45,74
Sicilia	42,28
Sardegna	**39,88**
Italia	**28,9**

Fonte: rielaborazioni proprie su dati RRN

Anche gli interventi SRB hanno un peso significativo in termini finanziari, andando ad assorbire complessivamente un altro 20% della dotazione complessiva.

La somma delle risorse dedicate agli interventi delle categorie A e B, a forte impronta ambientale e di mantenimento, raggiunge circa il 60% dell'intera dotazione finanziaria dei fondi messi a disposizione per la Sardegna.

Trattandosi di pagamenti annuali a fronte di precisi impegni assunti dagli imprenditori agricoli o di indennità annuali a compensazione dei maggiori costi sostenuti per via di svantaggi naturali, questi interventi consentono un facile avanzamento della spesa e quindi delle positive *performance*

TABELLA N. 12: IMPEGNI PER ZONE CON SVANTAGGI E VINCOLI SPECIFICI.

Regione	% su risorse complessive
Valle D'Aosta	33,64
Piemonte	5,71
Liguria	5,2
Lombardia	10,19
P.A. Bolzano	35,86
P.A. Trento	25,13
Veneto	10,91
Friuli Venezia Giulia	10,98
Emilia Romagna	11,17
Toscana	6,01
Umbria	6,07
Marche	11,49
Lazio	8,73
Abruzzo	12,42
Molise	18,63
Campania	15,62
Puglia	1,27
Basilicata	9,93
Calabria	0,38
Sicilia	15,7
Sardegna	**20,26**
Italia	**8,92**

Fonte: rielaborazioni proprie su dati RRN

di avanzamento finanziario, aspetto non trascurabile in vista di un ritorno della regola dell'$n+2$, che costringe a spendere le risorse entro i due anni successivi al momento dell'impegno.

Per contro, l'assorbimento di una quota di risorse così importante riduce la disponibilità finanziaria da dedicare agli interventi strutturali, come gli investimenti, o agli interventi di sviluppo territoriale che sono caratterizzati certamente da una maggiore complessità istruttoria e più lunghi tempi di pagamento ma sono necessari a garantire una maggiore e duratura competitività al settore agricolo e alle aree rurali in generale.

Gli interventi di tipo D, identificati dalla sigla SRD, sono finalizzati a potenziare la competitività sui mercati del-

TABELLA N. 13: SPESA PUBBLICA PER INVESTIMENTI.

Regione	% su risorse complessive
Valle D'Aosta	17,69
Piemonte	35,46
Liguria	54,75
Lombardia	45,3
P.A. Bolzano	11,16
P.A. Trento	35,93
Veneto	38,1
Friuli Venezia Giulia	37,35
Emilia Romagna	30,89
Toscana	33,51
Umbria	40,63
Marche	34,08
Lazio	27,54
Abruzzo	27,1
Molise	27,14
Campania	28,85
Puglia	40,48
Basilicata	35,85
Calabria	35,69
Sicilia	25,98
Sardegna	**26,24**
Italia	**27,04**

Fonte: rielaborazioni proprie su dati RRN

le aziende agricole e delle imprese che operano nell'ambito della trasformazione e/o commercializzazione dei prodotti agricoli e ad accrescere la redditività delle stesse, migliorandone, al contempo, le *performance* climatico-ambientali ed il miglioramento del benessere animale negli allevamenti.

Inoltre, il sostegno agli investimenti delle aziende agricole in altre attività extra-agricole, permette l'incremento del reddito secondo il modello delle imprese multifunzionali e, al medesimo tempo, contribuisce a contrastare la tendenza allo spopolamento delle aree rurali, grazie anche al rafforzamento degli investimenti nelle infrastrutture di base.

TABELLA N. 14: SPESA PUBBLICA PER I GIOVANI.

Regione	% su risorse complessive
Valle D'Aosta	1,09
Piemonte	5,68
Liguria	8,4
Lombardia	4,41
P.A. Bolzano	6,62
P.A. Trento	6,07
Veneto	8,56
Friuli Venezia Giulia	5,27
Emilia Romagna	6,77
Toscana	5,94
Umbria	2,51
Marche	3,53
Lazio	10,44
Abruzzo	7,34
Molise	5,07
Campania	2,33
Puglia	4,22
Basilicata	8,17
Calabria	5,12
Sicilia	6,78
Sardegna	**4,88**
Italia	**4,61**

Fonte: rielaborazioni proprie su dati RRN

Rientrano tra gli interventi SRD anche gli investimenti produttivi e non produttivi delle foreste e gli investimenti in prevenzione e ripristino di danni alle foreste.

Le risorse finanziarie che la Sardegna destina agli interventi del tipo D assorbono il 26% delle risorse complessive.

Si tratta evidentemente di risorse importanti in termini assoluti, ma è tuttavia evidente che il peso che la Sardegna dedica alle misure ad investimento è inferiore al livello medio nazionale ed è uno dei più bassi tra tutte le regioni.

All'interno di questa categoria, al solo intervento SRD01 - Investimenti Produttivi Agricoli per la Competitività delle Aziende Agricole (che corrisponde alla ex Misura 4.1 del PSR 2014-2022), sono allocate oltre il 13% delle risorse complessive. Agli altri interventi all'interno della categoria è dedicata una dotazione finanziaria non rilevante e in alcuni casi trascurabile, perché inferiore o di poco superiore all'1%.

Le risorse riservate al sostegno all'insediamento dei giovani agricoltori e dei nuovi agricoltori e all'avvio di imprese rurali sono allocate all'interno della categoria E. La Regione Sardegna ha deciso di attivare all'interno di questa tipologia solo l'intervento SRE01 per l'insediamento dei giovani agricoltori, con una dotazione pari al 4,8% delle risorse complessive. Non verranno attivati gli interventi per favorire l'insediamento dei nuovi agricoltori, l'avvio di nuove imprese legate alla silvicoltura e le *start-up* extra agricole.

Anche in questo caso, seppure l'ammontare di risorse dedicate agli interventi SRE sia importante in termini assoluti, il peso percentuale rispetto alle risorse finanziarie complessive è pari al 4,88%: una percentuale appena superiore rispetto al valore medio nazionale (4,61%) ed uno dei valori più bassi tra tutte le Regioni. Sono solo tre le Regioni che destinano una quota di risorse ai giovani inferiore al 4% della loro dotazione complessiva. La Regione Lazio è, per contro, quella che attribuisce a questi interventi una forte valenza strategica, impegnando oltre il 10% dell'intera dotazione finanziaria.

Gli interventi SRG per il sostegno alla cooperazione contribuiscono al sostegno dei Gruppi Operativi del Partenariato Europeo per l'Innovazione in agricoltura (PEI AGRI), alla tutela della qualità delle produzioni agroalimentari e delle strategie di sviluppo rurale LEADER. Inoltre, tale gruppo di interventi sostiene la creazione di partenariati per la realizzazione di azioni di supporto all'innovazione e l'avvio di attività di informazione e promozione dei prodotti di qualità presso i consumatori dell'Unione Europea. Rientrava in questa categoria anche l'intervento a vantaggio della cooperazione per il rinnovo generazionale, discusso in prece-

TABELLA N. 15: SPESA PUBBLICA PER LA COOPERAZIONE.

Regione	% su risorse complessive
Valle D'Aosta	8,43
Piemonte	12,18
Liguria	8,36
Lombardia	10,15
P.A. Bolzano	6,49
P.A. Trento	7,36
Veneto	9,93
Friuli Venezia Giulia	7,07
Emilia Romagna	10,32
Toscana	10,28
Umbria	14,61
Marche	10,45
Lazio	14,22
Abruzzo	8,99
Molise	5,00
Campania	12,14
Puglia	13,14
Basilicata	9,64
Calabria	8,85
Sicilia	7,05
Sardegna	**7,64**
Italia	**8,28**

Fonte: rielaborazioni proprie su dati RRN

denza, che nessuna Regione italiana ha, al momento, deciso di attivare.

La quasi totalità delle risorse destinate agli interventi di tipo G dalla Sardegna (poco meno dell'8%) sono assorbite dal solo intervento SRG06 - Attuazione delle strategie di sviluppo locale impiegato per finanziare i piani di sviluppo locale dei gruppi LEADER.

Chiudono il quadro gli interventi della categoria H che rispondono all'obiettivo trasversale della PAC finalizzato a favorire, diffondere e condividere la conoscenza, le esperienze e le opportunità, l'innovazione e i risultati della ricerca e la digitalizzazione nel settore agroforestale e nelle zone rurali.

TABELLA N. 16: SPESA PUBBLICA PER SCAMBIO DI CONOSCENZE E DIFFUSIONE DI INFORMAZIONI

Regione	% su risorse complessive
Valle D'Aosta	0,63
Piemonte	2,83
Liguria	2,33
Lombardia	3,48
P.A. Bolzano	0,18
P.A. Trento	0,55
Veneto	3,58
Friuli Venezia Giulia	1,23
Emilia Romagna	2,18
Toscana	2,3
Umbria	1,45
Marche	3,45
Lazio	1,12
Abruzzo	2,26
Molise	4,32
Campania	0,98
Puglia	1,4
Basilicata	1,14
Calabria	0,9
Sicilia	0,51
Sardegna	**0,49**
Italia	**1,39**

Fonte: rielaborazioni proprie su dati RRN

I servizi di consulenza aziendale sono volti a soddisfare le esigenze di supporto espresse dalle imprese agricole, forestali e operanti in aree rurali su aspetti tecnici, gestionali, economici, ambientali e sociali.

I servizi di consulenza agricola e di informazione sono integrati nei servizi correlati dei consulenti aziendali, dei ricercatori, delle organizzazioni di agricoltori e di altri portatori di interessi pertinenti che formano gli AKIS (Agricultural Knowledge and Innovation Systems - Sistema di Conoscenza e Innovazione in Campo Agricolo).

TABELLA N. 17: SPESA PUBBLICA
PER ASSISTENZA TECNICA.

Regione	% su risorse complessive
Valle D'Aosta	**0,88**
Piemonte	3,17
Liguria	3,31
Lombardia	2,4
P.A. Bolzano	0,33
P.A. Trento	3,02
Veneto	2,13
Friuli Venezia Giulia	3,07
Emilia Romagna	2,53
Toscana	1,21
Umbria	3,01
Marche	2,05
Lazio	3,31
Abruzzo	3,44
Molise	3,57
Campania	2,62
Puglia	3,31
Basilicata	3,31
Calabria	3,31
Sicilia	1,7
Sardegna	0,62
Interventi nazionali	**3,31**
Italia	**2,61**

Fonte: rielaborazioni proprie su dati RRN

GRAFICO N. 2: SPESA PUBBLICA PER TIPOLOGIA DI INTERVENTO. CONFRONTO TRA SARDEGNA E VALORI MEDI NAZIONALI.

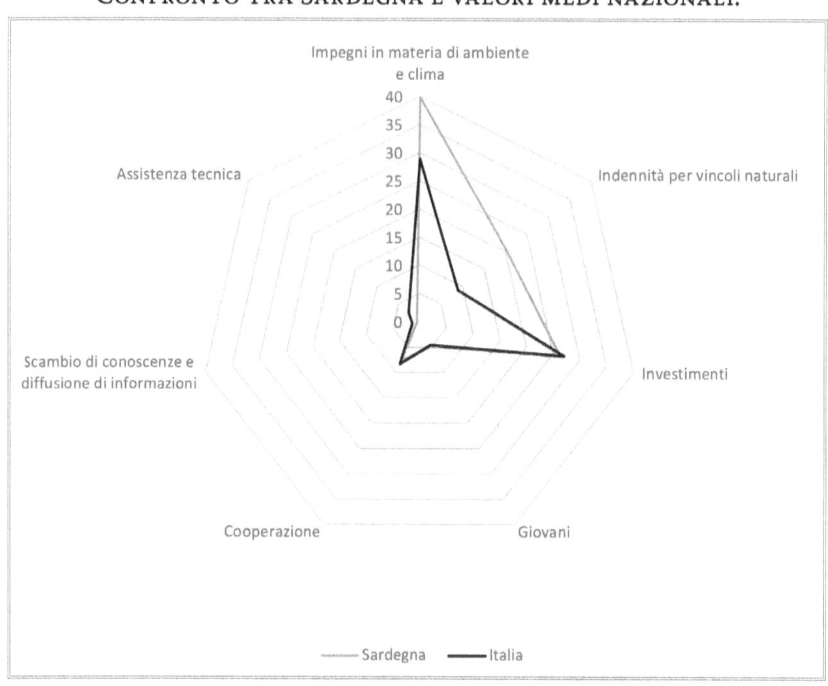

Fonte: rielaborazioni proprie su dati RRN

6.1. Il primo insediamento in Sardegna

L'intervento SRE01 dedicato all'insediamento dei giovani agricoltori è stato elaborato a livello ministeriale condividendo con i diversi attori istituzionali una cornice che contenesse gli elementi attuativi comuni a tutte le Regioni.

In seconda battuta, le singole Regioni hanno avuto la possibilità di meglio specificare l'intervento attraverso una serie di elementi di regionalizzazione inseriti in una cornice di criteri, obblighi ed impegni comune per tutto il Paese.

Le modalità e gli importi concessi, come i criteri di selezione e le condizioni di ammissibilità, sono stabiliti dalle autorità regionali, ciascuna per il proprio ambito di competenza territoriale, per garantire una maggiore adesione dello strumento al contesto territoriale di riferimento.

In termini generali, le modalità di attuazione specificate dalla Regione Sardegna non sembrano presentare significative variazioni rispetto a quanto avvenuto nella precedente programmazione e non introducono considerevoli elementi di regionalizzazione rispetto alla cornice di riferimento.

Più in dettaglio, i criteri di selezione ai sensi dell'art. 79 del Regolamento (UE) n. 2021/2115, sono stabiliti dall'Autorità di Gestione, previa consultazione del Comitato di Sorveglianza, sulla base dei seguenti principi di selezione:

• caratteristiche strutturali dell'azienda in cui si insedia il giovane (*es.*: titolo di possesso);

• livello di formazione del giovane;

• localizzazione dell'azienda.

Oltre ai consueti criteri di ammissibilità riferiti alla necessaria istruzione o capacità professionale, la Regione Sardegna ha specificato ulteriori condizioni di ammissibilità dei beneficiari:

• l'insediamento deve avvenire in un'azienda di provenienza non familiare;

• l'insediamento non può avvenire in società esistenti;

• l'attività agricola deve essere svolta in maniera esclusiva. La presenza di altre tipologie di attività o impieghi comporta la decadenza della condizione di esclusività e la perdita dei requisiti di accesso.

Come per il passato, l'intervento di primo insediamento continua a prevedere tra gli obblighi la presentazione di un piano aziendale tale da inquadrare la situazione di partenza dell'azienda, l'idea imprenditoriale che si intende attuare, le tappe essenziali che caratterizzano le attività ed i tempi di attuazione, gli obiettivi e i risultati che si intendono raggiungere. A questi obblighi si aggiungono:

• l'obbligo di svolgere un periodo di tutoraggio di almeno sei mesi;

• l'obbligo di aderire al sistema di assicurazioni agevolate per tutto il periodo di impegno.

Le Regioni, sulla base delle proprie specificità, hanno individuato soglie di ammissibilità minime e massime espresse in termini di produzione standard o di produzione potenziale. Le soglie minime sono state definite per assicurare una maggiore probabilità che l'insediamento avvenga in aziende economicamente sostenibili nel medio-lungo termine. La soglia massima è invece definita in modo da evitare che il sostegno sia destinato ad aziende che già al momento dell'insediamento siano di dimensione tale da essere economicamente in grado di affrontare un subentro o un passaggio generazionale senza il relativo sostegno. La Regione Sardegna non finanzierà giovani che si insediano in aziende con una produzione standard minore di 25.000 euro o maggiore di 200.000 euro.

L'intervento può essere implementato sia in maniera autonoma che in combinato con altri interventi attraverso la modalità del «pacchetto». Le modalità di funzionamento del pacchetto e le misure attivabili al suo interno non sono al momento definite nella scheda di intervento contenuta nel CSR.

Il sostegno, concesso come sovvenzione in conto capitale, viene mantenuto ben al di sotto del massimale previsto dei 100.000 euro ed è, al momento, fissato in 40.000 euro da concedere in due rate, pari ciascuna al 50% dell'ammontare concesso.

Infine, in base agli indicatori forniti (PLUA), la Sardegna promuoverà a partire dal 2025 fino al 2027 l'insediamento di mille giovani imprenditori agricoli.

TABELLA N. 18: IMPORTO UNITARIO PREVISTO (SPESA PUBBLICA TOTALE IN EURO) E NUMERO DI BENEFICIARI PER ANNO.

Esercizio finanziario	2023	2024	2025	2026	2027	2028	2029	2023-29
SRE01-PLUA.00.01 - (1) Insediamento giovani agricoltori (Sovvenzione - Media)			40.000,00	40.000,00	40.000,00			
0.25 (unità: Beneficiari)			250	500	250			1.000

Fonte: rielaborazioni dal Complemento regionale per lo Sviluppo Rurale (CSR) della Regione Sardegna

7. Conclusioni

I dati forniti dall'ultimo Censimento Generale dell'Agricoltura del 2020 consentono di definire un quadro aggiornato dell'imprenditorialità giovanile. L'occasione si inserisce, dal punto di vista temporale, in concomitanza con l'avvio della nuova PAC 2023-2027 fornendo, quindi, ai decisori politici un'occasione unica per pianificare i futuri interventi in un quadro conoscitivo quanto più aggiornato possibile.

I dati ISTAT certificano la criticità di un settore sostanzialmente vecchio. Il mancato rinnovo generazionale resta un aspetto caratterizzante l'agricoltura italiana e ne costituisce ormai un carattere strutturale.

Tuttavia, anche alla luce del confronto intercensuario, si possono evidenziare alcuni segnali positivi, specialmente in merito ad alcune caratteristiche peculiari dei giovani conduttori rispetto agli agricoltori non giovani.

I primi hanno un titolo di studio medio-alto, generalmente provengono da famiglie con una qualche attività legata al settore agricolo, gestiscono aziende più grandi e professionalizzate, più moderne dal punto di vista della digitalizzazione e dell'informatizzazione, maggiormente inclini ad associarsi. Inoltre, molti giovani gestiscono aziende che si dedicano ad attività complementari e connesse con un'efficace diversificazione delle fonti di reddito e riservano maggiore attenzione alla fase di commercializzazione dei prodotti (anche attraverso la vendita diretta) e ai sistemi di produzione sostenibili, come il biologico.

I giovani sembrerebbero essere più disponibili ad accettare nuove sfide e mostrano una maggiore propensione al rischio. Questo aspetto potrebbe rivelarsi particolarmente significativo in termini di competitività, poiché l'apporto dei giovani imprenditori potrebbe favorire lo sviluppo del settore conferendogli maggiori capacità di innovazione e dinamismo imprenditoriale.

Il mancato rinnovo generazionale, sebbene risponda ad una tendenza generale che interessa l'intero territorio nazionale, si manifesta con significative variazioni sia in positivo che in negativo in funzione dell'area geografica considerata.

Esistono, infatti, delle eccezioni regionali che, pur non contraddicendo la tendenza generale, mostrano una concentrazione di giovani agricoltori superiore alla media nazionale, suggerendo la potenziale esistenza di determinanti facilitanti il loro insediamento (LICCIARDO *et al.* 2023a).

Il caso Sardegna rappresenta in questo senso un interessante caso di studio, anche se i dati del censimento generale dell'agricoltura non permettono di individuare alcuna determinante strategica, anzi evidenziano alcune debolezze importanti rispetto ai valori medi nazionali.

La sola analisi dei dati ISTAT non consente, infatti, di individuare precise determinanti dei giovani imprenditori agricoli tali da giustificare l'andamento positivo e in controtendenza degli insediamenti dei giovani in agricoltura rispetto al panorama nazionale. È evidente la necessità di indagare maggiormente, con fonti diverse, la recente attrattività che il settore sta esercitando soprattutto nei confronti della componente giovanile e la più accentuata difficoltà occupazionale che si riscontra in altri settori economici, tale da spingere i giovani a trovare nell'agricoltura, secondo una tendenza anticiclica, un ripiego all'assenza di possibilità lavorative maggiormente remunerative.

Per comprendere appieno l'esistenza di fattori favorevoli all'insediamento dei giovani in agricoltura sono evidentemente necessarie ulteriori informazioni ed analisi che partano dai dati del nuovo Censimento Permanente dell'Agricoltura, ma che incorporino anche informazioni raccolte attraverso indagini qualitative che consentano di restituire una comprensione ampia delle tendenze demografiche in atto e delle evoluzioni dei territori rurali per attivare le forme di supporto più adeguate ed efficaci (CAGLIERO *et al.* 2012).

Nonostante gli sforzi della politica pubblica nei diversi cicli di programmazione volti a promuovere e sostenere il rinnovo generazionale in agricoltura, l'analisi dei dati rivela una presenza limitata di giovani agricoltori e la continua preponderanza di quelli più anziani.

I motivi alla base del perdurante processo di senilizzazione dell'agricoltura sono molteplici e sono da attribuire a fattori socioculturali e alla persistenza di barriere all'ingresso legate ad aspetti strutturali e organizzativi del settore, tutti ampiamente studiati nella letteratura.

La PAC ha da sempre dedicato risorse e strumenti a vantaggio del rinnovo generazionale (PIRAS F. 2018).

Per il periodo di programmazione 2023-2027, la PAC ha scelto di mantenere la misura di primo insediamento a favore dei giovani presente nel II pilastro confermando anche il pagamento supplementare per i giovani agricoltori nell'ambito del I pilastro. Sono molteplici le voci critiche nei confronti dei due strumenti a sostegno dei giovani imprenditori agricoli, giudicati da più parti insufficienti per garantire un efficace ricambio generazionale.

È evidente, tuttavia, che i problemi dell'insediamento dei giovani agricoltori da un lato, e dello sviluppo delle loro attività imprenditoriali in agricoltura dall'altro, non possono essere affrontati efficacemente con i soli strumenti della PAC. Una forte politica di ricambio generazionale deve essere pensata come parte integrante di un più ampio indirizzo generale di politica agraria.

In questo senso un ruolo importante potrebbe essere giocato dagli strumenti nazionali dedicati ai giovani imprenditori che completano l'azione comunitaria (PIRAS F. 2022b).

Recentemente, la CORTE DEI CONTI EUROPEA (2017) ha evidenziato come, oltre alle misure dell'UE, altri fattori influiscono sul ricambio generazionale, come la generale situazione sociale ed economica di un Paese, la propensione delle banche a concedere prestiti, le possibilità occupazionali offerte dagli altri settori, la mobilità fondiaria e la normativa nazionale in termini di fiscalità e successione (CARBONE A. 2005 e 2008).

Quanto detto, potrebbe portare a ripensare profondamente lo strumento di finanziamento di primo insediamento affrontando le criticità relative alla gestione dell'attività agricola e alla capacità di farla sopravvivere nel tempo (RRN 2018c).

Per molti giovani, infatti, il premio da solo continua a non essere sufficiente per promuovere un efficace *turnover*. Nella pratica, il premio d'insediamento per un giovane che si avvicina per la prima volta all'agricoltura è da considerare di dimensioni inadeguate a superare le barriere di ingresso rappresentate dall'investimento in capitale fondiario e agrario.

Inoltre, l'obbligo previsto dai bandi di assumere lo *status* di coltivatore diretto o di imprenditore agricolo professionale sembra rappresentare un vincolo eccessivo in fase di avvio di un'impresa agricola, durante la quale il ricorso a redditi extra-agricoli potrebbe rivelarsi fondamentale per garantire al giovane imprenditore un adeguato tenore di vita.

È ormai opinione diffusa il fatto che le forme di subentro dovrebbero essere distinte nettamente da un effettivo nuovo insediamento con giovani che addirittura provengono da un contesto extra-agricolo. In altre parole, occorre distinguere nettamente il passaggio generazionale nella gestione aziendale dal conduttore al figlio dal nuovo insediamento inteso come inizio di una attività agricola ad opera di nuovi soggetti non appartenenti a famiglie agricole (Carbone e Corsi 2013; Milone P. e Piras F. 2020).

In termini più generali, appare ormai chiaro come l'obiettivo di favorire nuovi insediamenti debba tener conto delle specifiche esigenze di quei giovani non provenienti da famiglie agricole, prevedendo quindi interventi tesi da una parte a favorire l'accesso ai capitali e alla terra e, dall'altra, permettendo a questa tipologia di nuovi imprenditori agricoli di accedere a specifici contributi per la realizzazione di piccole o piccolissime imprese da condurre anche in *part-time* e con la possibilità di poter far affidamento, almeno nella fase di *start-up*, sull'apporto di redditi anche da attività extra-agricole. Si tratta, in sintesi di vere nuove imprese, di cui ancora si conosce molto poco e che, nonostante il potenziale ruolo in termini di ricambio generazionale, sono escluse dalle misure di primo insediamento previste dai programmi di sviluppo rurale per via della ridotta dimensione economica e dell'impegno *part-time* del conduttore.

Per contro, un premio destinato al solo subentro in aziende familiari strutturate, spesso di grosse dimensioni, non può prescindere dalla contestuale partecipazione alle misure di investimento. La concessione del solo premio per questa tipologia di aziende si limiterebbe, altrimenti, ad un generico sostegno al reddito senza alcuna finalizzazione.

Infine, una forte politica per il ricambio generazionale deve essere supportata da adeguate risorse finanziarie ed essere pensata come parte integrante di un più ampio indirizzo generale di politica agraria.

In questo senso, tutte le politiche, non solo quelle comunitarie, devono essere pensate in un'ottica di rinnovamento generazionale riducendo o limitando gli effetti negativi e controproducenti di una politica di sostegno fondata più sullo *status* e la rendita che sul comportamento e sulla progettualità (CORSI, CARBONE e SOTTE 2005). Nessuna misura di incentivo all'ingresso dei giovani darà risultati positivi e stabili in presenza di un'agricoltura – o meglio: di un sistema agroalimentare nel suo insieme – non competitivo e non in grado di assicurare un ragionevole livello remunerativo all'attività del giovane imprenditore.

Bibliografia

AA.VV. (2021), European Coordination Via Campesina (ECVC) Youth Articulation: «Position Document on the Common Agricultural Policy (CAP) Reform», July 2021.

AA.VV. (2022a): «Valutazione al Programma di Sviluppo Rurale della Regione Sardegna 2014/2020. Rapporto tematico: Il supporto all'avviamento dei giovani agricoltori», Versione 1.0, Febbraio 2022.

AA.VV. (2022b): «Annuario dell'agricoltura italiana 2022», n. LXXV, Politiche e bioeconomia, CREA, Roma.

AA.VV. (2023a): Coldiretti: «Dove sta andando la PAC. Il PSP dell'Italia 2023-2027. Linee guida», Donzelli, Roma, Febbraio 2023.

AA.VV. (2023b): «Gioventù frustrata. Se l'agricoltura italiana perde il treno del ricambio generazionale», in «Terra!», Roma, Gennaio 2023.

Albani C., Ascione E., Henke R., Li Vecchi D., Pesce A., Pierangeli F., Pierri F. (*eds.*) (2013): *I giovani e il ricambio generazionale nell'agricoltura italiana*, INEA, Roma.

Ascione E., Tarangioli S., Zanetti B. (*eds.*) 2014: *Nuova imprenditoria per l'agricoltura italiana. Caratteri, dinamiche e strutture aziendali*, INEA, Roma.

Ascione E., Zanetti B. (2018): «L'insediamento di nuovi giovani agricoltori», in Tarangioli S. and Zanetti B. (*eds.*): *Gli effetti della politica rurale 2007-2013. Il bilancio dell'esperienza*, Rete Rurale Nazionale - MIPAAF, Roma.

Bortolozzo D., Tarangioli S. (2005): «Insediamento e permanenza dei giovani in agricoltura. Gli interventi a favore dei giovani agricoltori», Rapporto 2003/2004, INEA, Roma.

Brun F., Giuliano S., Mosso A. (2014): «L'insediamento dei giovani agricoltori in Piemonte nel periodo 2007-2013», in «Agriregionieuropa», a. X, n 38.

Cagliero R., Novelli S. (2012): «Giovani e senilizzazione nel censimento dell'Agricoltura», in «Agriregionieuropa», a. VIII n. 3.

Canali G., Ilir Gjika (2012): «I giovani nelle proposte per la PAC post 2013», in «Agriregionieuropa», anno VIII, n. 29, p. 14.

Carbone A. (2005): «La misura per l'insediamento dei giovani in agricoltura: pubblici vizi e "virtù" private», in «Agriregionieuropa», a. I, n. 0.

Carbone A. (2008): «SOS dal Parlamento Europeo: senza *turn-over* generazionale l'agricoltura muore», in «Agriregionieuropa», a. IV n. 14.

Carbone A., Corsi A., Sotte F. (2005): «La misura giovani tra nuovo regolamento sullo sviluppo rurale e prime evidenze dell'applicazione 2000-2003», in «Agriregionieuropa», a. I, n. 2.

Carbone A., Corsi A., (2013): «I giovani imprenditori agricoli in Italia: una veloce panoramica», in «Agriregionieuropa», a. IX, n. 35.

Carbone A., Corsi A. (2014): «Dinamica generazionale e dimensione territoriale dell'agricoltura italiana», in «QA - Rivista dell'Associazione Rossi-Doria», n.1, pp. 135-164.

Cardillo C. (2002): «Professionalità e ricambio generazionale nelle aziende agricole a conduzione diretta. Un'analisi tipologica», in: «*Working paper* del Dipartimento Economia e Territorio», Università degli Studi di Cassino.

Cardillo C., Gaudio F., Pupo D'Andrea M.R., Sardone R. (2022): «Censimento dell'agricoltura italiana 2020. Cosa emerge alla vigilia dell'avvio del Piano Strategico della PAC?», in «Pianeta PSR», n. 116.

Centro Studi Divulga (2021): «Primo Rapporto sui Giovani in Agricoltura, Settembre 2021», *https://www.divulgastudi.it/prodotti/primo-rapporto-sui-giovani-in-agricoltura/*

Centro Studi Divulga (2022): «Giovani in agricoltura», *https://www.divulgastudi.it/wp-content/uploads/2023/03/Rapporto-giovani.pdf*

Cersosimo D. (2012a): «I giovani agricoltori tra famiglia e innovazioni aziendali», in «Agriregionieuropa», a.VIII, n. 31.

Cersosimo D. (2012b): *Tracce di futuro. Un'indagine esplorativa sui giovani Coldiretti*, Donzelli, Roma.

Cersosimo D. (2013): «I giovani agricoltori italiani oggi. Consistenza, evoluzione, politiche», in «Quaderno Gruppo 2013», Edizioni Tellus, Roma.

Cersosimo D., Ferrara A.R. (2013): «I giovani agricoltori italiani: profili quantitativi e tendenze di lungo periodo», in: Cersosimo D. (2013).

Cesaroni F.M., Consoli D., Sentuti A. (2011): «The Adoption of ICT in Small and Medium Sized Family Business. The Role of Younger Generation», in «Timisoara Journal of Economics», vol. 4, n. 2 (14), pp. 67-80.

Comitato Economico e Sociale Europeo (2019): «Relazione Informativa Sezione Agricoltura, Sviluppo Rurale, Ambiente Valutazione dell'impatto della PAC sul ricambio generazionale», Relazione informativa del 14 Ottobre 2019.

Commissione Europea (2015): Direzione generale dell'Agricoltura e dello sviluppo rurale, Sloot P., Lauwere C., Zondag M. *et al.*: «Needs of young farmers: report I of the pilot project : exchange programmes for young farmers», Publications Office, November, 2015.

Commissione Europea (2019): Directorate-General for Agriculture and Rural Development, Micha E., Mantino F., Dwyer J. *et al.*: «Evaluation of the impact of the CAP on generational renewal, local development and jobs in rural areas – Final report», Publications Office.

Commissione Europea (2020): «Raccomandazioni della Commissione per il Piano strategico della PAC dell'Italia SWD (2020) 396 Final», Bruxelles, 18 Dicembre 2020.

Commissione Europea (2021): «The impact of the common agricultural policy on generational renewal, local development and jobs in rural areas» [SWD (2021) 78 final], Brussels, 8 Aprile 2021.

Commissione Europea (2021): «A long-term vision for the EU's rural areas», *https://ec.europa.eu/info/strategy/priorities-2019-2024/ new-push-european-democracy/long-term-vision-rural-areas_en*

Coopmans I., Dessein J., Accatino F., Antonioli F., Bertolozzi-Caredio D., Gavrilescu C., Gradziuk P., Manevska-Tasevska G., Meuwissen M.; Peneva M., Petitt A., Urquhart J., Wauters E. (2021): «Understanding farm generational renewal and its influencing factors in Europe», in «Journal of Rural Studies», vol. 86, pp. 398-409, August 2021.

Corsi A. (2005): «Chi gestirà le aziende familiari nel futuro?», in «Agriregionieuropa», a. I, n. 0.

Corsi A. (2009): «Giovani e capitale umano in agricoltura», in «Agriregionieuropa», a. V, n. 16.

Corsi A., Carbone A., Sotte F., (2005): «Quali fattori influenzano il ricambio generazionale?», in «Agriregionieuropa», a. I, n. 2.

Corte dei Conti Europea (2017): «Rendere più mirato il sostegno dell'UE ai giovani agricoltori per promuovere efficacemente il ricambio generazionale», Relazione speciale n. 10, Luxembourg, 2017

Corte dei Conti (2021): Sezione di Controllo per gli Affari Comunitari e Internazionali, Delibera n. 3/2021. Relazione speciale: «L'accesso alla riserva nazionale dei titoli da parte di giovani e nuovi agricoltori».

Da Rold C. (2023): «Ecco quanti sono i giovani che si sono davvero "dati all'agricoltura". Censimento agricoltura», in «Il Sole 24 Ore», 20 Febbraio 2023. *https://www.infodata.ilsole24ore.com/2023/02/20/ecco-quanti-sono-i-giovani-che-si-sono-davvero-dati-allagricoltura-e-si-fanno-piu-bio/*

De Franco R., Romeo Lironcurti S., Striano M. (*eds.*): «PSR-HUB: Il ricambio generazionale in agricoltura», RRN, Maggio 2018.

Dax T., Copus A. (2022): «European Rural Demographic Strategies: Foreshadowing Post-Lisbon Rural Development Policy?», in «World», Special Issue: «Diversity and Opportunities for Rural Development».

De Guzman M.R.T., Kim S., Taylor S., Padasas I. (2020): «Rural communities as a context for entrepreneurship. Exploring perceptions of youth and business owners», in «Journal of Rural Studies», vol. 80, pp. 45-52.

Ecorys (2015): «Pilot Project: Exchange Schemes for Young Farmers, Brussels», European Commission, Directorate General for Agriculture and Rural Development.

Esposti R., Mazzieri A. (2005): «Quanto sono diverse le imprese agricole "giovani"? Un'analisi della RICA nelle Marche», in «Agriregionieuropa», a. I, n. 2.

Eurostat (2018): «Eurostat Farming: Profession with Relatively Few Young Farmers», *https://ec.europa.eu/eurostat/web/products-eurostat-news/-/ddn-20180719-1#:~:text=Only%2011%25%20of%20farm%20managers,the%20United%20Kingdom%20(5.3%25).*

Eurostat (2022): «Demography of Europe 2022 Edition», *https://ec.europa.eu/eurostat/cache/digpub/demography/index.html?lang=en*

Fi-compass (2019): «Survey on Financial Needs and Access to Finance of EU Agricultural Enterprises», Brussels.

Frascarelli A. (2023): «Giovani agricoltori, istruiti e competenti per ricevere il pagamento supplementare PAC», in «Terra è vita», 15 Luglio 2023.

Gabrielli G. (2010): «La misura di primo insediamento nei PSR 2007-2013», in: Tarangioli S., Trisorio A. (*eds.*) (2010).

Giacomini C. (2022): «Poche sorprese nel Censimento dell'agricoltura», in «L'informatore Agrario», n. 27, pp. 14-15.

Giorgi S., Piras F. (2017): «Linee guida: definizione repertorio contrattuale per le modalità di affiancamento/cessione/subentro tra anziano conduttore e giovane», RRN/ISMEA, Dicembre 2017, *http://www.reterurale.it/flex/cm/pages/ServeBLOB.php/L/IT/IDPagina/18025*

Henke R. (2004): *Verso il riconoscimento dell'agricoltura multifunzionale. Teorie, politiche, strumenti*, INEA «Studi & Ricerche», ESI, Napoli.

Henke R., Povellato A. (2012): «La diversificazione nelle aziende agricole italiane», in «Agriregionieuropa», a. VIII, n. 31, pp. 24-29.

Henke R., Sardone R. (2022): «The 7th Italian Agricultural Census: new directions and legacies of the past», in «Italian Review of Agricultural Economics», vol. 77, n. 31, pp. 67-75.

Inea-Oiga (2005): «Insediamento e permanenza dei giovani in agricoltura. Gli interventi a favore dei giovani agricoltori», Rapporto2003/2004, Inea, Roma.

Inea-Oiga (2009): «Insediamento e permanenza dei giovani in agricoltura. Le misure per i giovani agricoltori nella Politica di Sviluppo Rurale 2007-2013», Rapporto 2008, Inea, Roma.

Ismea (2022): «Giovani e agricoltura», Rapporto 2022, Ottobre 2022. *https://www.reterurale.it/flex/cm/pages/ServeBLOB.php/L/IT/IDPagina/24304*

Istat (2022): «7° Censimento generale dell'agricoltura: primi risultati», 28 Giugno, *https://www.istat.it/it/files//2022/06/REPORT-CEN-SIAGRI_2021-def.pdf*

Istat (2022): «7° Censimento generale dell'agricoltura: rilascio dei nuovi dati, Nota per la stampa», 23 Settembre, *https://www.istat.it/it/files//2022/09/NOTA-STAMPA-Cens-agr-nuovi-dati.pdf*

Keiko Yamaguchi C., Stefenon S.F., Ramos N.K., Silva dos Santos V., Forbici F., Rodrigues Klaar A.C., Silva Ferreira F.C., Cassol A., Marietto M.L., Farias Yamaguchi S.K., De Borba M.L. (2020): «Young People's Perceptions about the Difficulties of Entrepreneurship and Developing Rural Properties» in «Family Agriculture. Sustainability», vol. 12, n. 21.

Korthals Altes W.K. (2023): «Access to Land: Markets, Policies and Initiatives», in «Sustainability», vol.15, n. 6.

Leonardi, I., Sassi M. (2004): «Il modello di sviluppo rurale definito dall'UE dalla teoria all'attuazione: una sfida ancora aperta», in «Quaderno di ricerca», n. 6, Copyland, Pavia.

Licciardo F., De Vivo C. (2017): «Le politiche di sviluppo rurale nei piccoli comuni della Basilicata», in «Politiche Sociali», vol. 2, pp. 259-282, Il Mulino, Bologna.

Licciardo F., Zanetti B., Gargano G., Tarangioli S., Verrascina M. (2022): «Rural development policies supporting generational renewal. Some evidence from the Italian experience», in «Politiche Sociali», vol.1, pp. 89-112, Il Mulino, Bologna.

Licciardo F., Tarangioli S., Gargano G., Tomassini S., Zanetti B. (2023a): «The 7th Census of Italian agriculture: characteristics, structures and dynamics of generational renewal», in: «Italian Review of Agricultural Economics», vol. 78, n. 2.

Licciardo F., Zanetti B., Tarangioli S., Gianpaolo A., Tomassini A. (2023b): «Generazioni di fenomeni», in «Terra è vita», a. LXIV, n.10, pp. 4-9.

Licciardo F., Zanetti B., Tarangioli S., Gargano G., Tomassini A. (2023c): «I giovani agricoltori secondo i dati del 7° Censimento generale dell'agricoltura», in «Pianeta PSR» n. 127, Settembre 2023.

Mantino F., Forcina B., Zanetti B., Arzeni A., Bonfiglio A., Varia F., Vaccaro A., Macaluso D., Pierangeli F., Tarangioli S. (2019): «Impact of the Common Agricultural Policy upon Generational Renewal, Local Development and Jobs in Rural Areas», CREA-Policy and Bioeconomy, Rome, *https://www.researchgate.net/profile/Francesco-Mantino/publication/337223774_IMPACT_OF_THE_COMMON_AGRICULTURAL_POLICY_UPON_GENERATIONAL_RENEWAL_LOCAL_DEVELOPMENT_AND_JOBS_IN_RURAL_AREAS_Case_study_report_-Italy_All_authors_from_Crea-Policy_and/links/5dd76652299bf10c5a26d286/IMPACT-OF-THE-COMMON-AGRICULTURAL-POLICY-UPON-GENERATIONAL-RENEWAL-LOCAL-DEVELOPMENT-AND-JOBS-IN-RURAL-AREAS-Case-study-report-Italy-All-authors-from-Crea-Policy-and.pdf?_tp=eyJjb250ZXh0Ijp7ImZpcnN0UGFnZSI6InB1YmxpY2F0aW9uIiwicGFnZSI6InB1YmxpY2F0aW9uIn19*

Manzi C., Gismondi R., Truglia F.G., Giordano P. (2022): «Come cambia l'agricoltura italiana: una lettura temporale e territoriale», XLIII Conferenza dell'Associazione Italiana di Scienze Regionali, Milano, 5-7 Settembre.

Matthews A. (2018): «Is there a particular generational renewal problem in EU agriculture?», in «Cap Reform», *http://capreform.eu/is-there-a-particular-generational-renewal-problem-in-eu-agriculture/#:~:text=The%20FSS%20figures%20support%20the,by%20a%20factor%20of%204.6).*

Milone P., Piras F. (2020): «Primo insediamento in agricoltura: Opzioni per una nuova misura nella PAC Post-2020», RRN, Dicembre 2020. *https://www.reterurale.it/flex/cm/pages/ServeBLOB.php/L/IT/IDPagina/21854*

Murtagh A., Farrell M., Kuhmonen T., Weir L., Mahon M. (2023): «The Future Dreams of Ireland's Youth: Possibilities for Rural Regeneration and Generational Renewal», in «Sustainability», Vol. 15, n. 12.

OTTAVIANI, L., BUGLIONE, A. (2018): «Report di chiusura della Programmazione 2007-2013. Analisi sull'attuazione fisica e finanziaria delle Misure», RRN, Roma.

PIRAS F. (2017): «OMNIBUS, le novità previste dai giovani agricoltori», in «Pianeta PSR» n. 66, Novembre 2017.

PIRAS F, SALVATI G. (2017): «Analisi dell'attuazione della sotto-misura 6.1 "Aiuti all'avviamento d'impresa per giovani agricoltori"», RRN, Roma.

PIRAS, F. (2018): «Il sostegno ai giovani agricoltori nell'ambito della PAC», in «Agriregionieuropa», a. XIV, n. 55, Dicembre 2018.

PIRAS F., PULINA P., VENTURA F. (2018): «Un'analisi qualitativa sull'insediamento dei giovani agricoltori nel periodo 2007-2013», RRN, Roma.

PIRAS F. (2021): «Il ruolo dei giovani nelle proposte di Regolamento per la futura PAC», in «Pianeta PSR», n. 106, Ottobre 2021.

PIRAS F. (2022a): «La strategia 2023-2027 per il rinnovo generazionale: percorso e interventi», in «Pianeta PSR», n. 110, Febbraio 2022.

PIRAS F. (2022b): «La strategia 2023-2027 per il rinnovo generazionale nell'ambito dello sviluppo rurale», in «Pianeta PSR», n. 119, Dicembre 2022.

PIRAS F., NUCERA M. (2022): «Analisi dell'attuazione della misura 6 "sviluppo delle aziende agricole e delle imprese" nei PSR 2014-2020», RRN, Roma.

PIRAS F. (2023): «La strategia 2023-2027 per il rinnovo generazionale nel Piano strategico della PAC», in «RRN Magazine», n. 16, p. 21, 31 Dicembre 2022.

PULINA P. (2018): «La valutazione delle politiche per lo sviluppo rurale nella prospettiva post 2020», in «Agriregionieuropa», a. XIV, n. 52.

Rossier R. (2010): «Farm Succession Switzerland: from Generation to Generation», in: Lobley M., Baker J.R., Whitehead I. (*eds.*): «Keeping it in the Family. International Perspectives on Succession and Retirement on Family Farms», Ashgate Publishing, Farnham (UK).

RRN (2018a): «Il ricambio generazionale in agricoltura», Roma, Maggio 2018.

RRN (2018b): «Ricambio generazionale in agricoltura e interventi PAC. Riflessioni alla luce delle proposte regolamentari post 2020», Roma.

RRN (2021): «Verso la strategia nazionale per un sistema agricolo, alimentare, forestale sostenibile e inclusivo», Roma, *https://www.reterurale.it/downloads/Tavolo-Tecnico.pdf*

Saggio L. (2023): «Giovani agricoltori, la Camera approva Pdl. Carloni: "Traguardo importante"», in «Terra è vita», 9 novembre 2023.

Schimenti E., Borsellino V. , Ferreri A., Di Gesaro M. , D'Acquisto M. (2014): «Implementation and Prospects of the Rural Development Policy in Sicily to Support Young Farmers», in «Rivista di Economia Agraria», a. LXIX, n. 1, pp. 29-39.

Sotte F., Carbone A., Corsi A. (2005): «Giovani e impresa in agricoltura. Cosa ci dicono le statistiche?», in «Agriregionieuropa», a. I, n. 2.

Sroka W., Dudek M., Wojewodzic T., Król K. (2019): «Generational Changes in Agriculture: The Influence of Farm Characteristics and Socio-Economic Factors», in «Agriculture», vol. 9, n. 12, p. 264.

Suess-Reyes J., Fuetsch E. (2016): «The Future of Family Farming: A Literature Review on Innovative, Sustainable and Succession-Oriented Strategies», in «Journal of Rural Studies», vol. 47, part A, pp. 117-140.

Sutherland L.A. (2023): «Who do we want our "new generation" of farmers to be? The need for demographic reform in European agriculture», in «Agricultural and Food Economics», vol. 11, n. 3.

Tarangioli S., Trisorio A. (*eds.*) (2010): «Le misure per i giovani agricoltori nella politica di sviluppo rurale 2007-2013», Inea-Oiga, Roma

Van der Ploeg J.D., Renting H., Brunori G., Knickel K., Mannion J., Marsden T., De Roest K., Sevilla-Guzmán E., Ventura F. (2017): «Rural Development: From Practices and Policies towards Theory», in Munton R. (*ed.*) (2017): *The Rural: Critical Essays in Human Geography* (1 ed., pp. 201-218), Taylor & Francis, London.

Ventura, F. (*ed.*) (2013): «I giovani imprenditori e la formazione: un'analisi delle esperienze e delle attese», RRN, Roma.

Zaccarini Bonelli C. (*ed.*) (2010): «L'atlante dei giovani agricoltori», RRN, Roma.

Zagata L., Sutherland L.A. (2015): «Deconstructing the "young farmer problem in Europe". Towards a research agenda», in «Journal of Rural Studies», vol. 38, pp. 39-51.

Zanetti B., Piras F., Longhitano D. (2019): «L'Italia e la PAC post 2020 - Policy Brief 7. OS 7: attirare i giovani agricoltori e facilitare lo sviluppo imprenditoriale nelle aree rurali», RRN, Roma.

Indice delle tavole

Printed by KDP

www.ingramcontent.com/pod-product-compliance
Lightning Source LLC
Chambersburg PA
CBHW051059250726
48656CB00001B/372